JN207697

子供の震災記

初等教育研究會
編

東京
目黒書店

序

何人にも精神の流れは一回きりであることから云へば、人の思想感情の記錄はどんなに尊いものであるか云はずして明かであるが、その實後代に殘つて居る饒多の記錄は、著しく虛僞の部分の多いものであることは、今日吾人の精神生活の反省からでも、十分に證據立てることが出來る。

近來頻に眞實の記錄、少くとも出來るだけ眞實に近い記錄の價値にあこがれが深くなつて來たのも、全く意味のないことではない。

ところが、眞實味を最も多く持つて居る點からいへば、世に子供の作品に勝るものはない。近來の研究は、子供の作品から、獨り眞實味の豐富ばかりでなく、廣義の藝術的價値も頗る豐かなものであることさへ發見した。

今回本會の發表を企てた「子供の震災記」は、あの未曾有の大事件に直接した子供の精神を寫したものであるが、我等は、これを讀んで、その感激の純な點、捕へられない點、その表現の純眞な點から、到底世の常のこの種の作品の比でないことに驚かされた。これをそのまゝ、埋れさせることは教師の情としても忍びないと思つた。

幾度か、これを世の同好の人に頒たうとする工夫を考へた末、ついこんな形にして發表することにした。

これに關しては、これ等作品の主人公たる兒童の父兄諸君の御諒解に感謝すると共に、これを整理せられた同人の勞に感謝せねばならぬ。

大正十三年四月七日

初等教育研究會長　佐々木秀一

趣旨

○大正十二年九月一日は、私の學校でも、始業式の日でした。氣樂な放たれた世界から、また努力の世界へもどるとでもいつたやうな美しい緊張のある日でした。

その日が、つい、あんな大きい災害を生まうとは、誰あつて豫知したものがありませう。雨が上つて、風のみ烈しい初秋の晝近く、子供たちは思ひ〳〵に學校から退けました。

○その時刻から、間もない事です。名狀し難い音響と動搖とが、地上のもの一切を昏倒させてしまひました。

何といふ凄慘でしたらう。

○でも、幸ひなことは、子供たちが學校に居なかつたことです。恰度いい工合といふこともちと變ですが、とにかくいゝあんばいに學校からかへつてしまつた時刻でした。もし、あれが、まだ八百の子供が殘つてる時であつたらと考へてみると、今なほ、胸がうづくやうな氣がします。

○でも災害の大いさとその慘鼻の烈しさとは、やがて、家にかへつてからの子供たちの消息を考へさせました。三日たつても四日たつても、私たちには、容易に消息がわかりませんでした。一々草鞋かけで廻り歩いたり、立退所の札を讀んでは、そこへ出向いたりしましたが、それでも、中々確かな調査は得られませんでした。

○學校の前へは至急消息を知らせるやうに掲示もしました。新聞が稍復興した頃には、それに廣告もしました。毎日幾人かづつは、その消息を告げて來ましたが、通常の時の仕事と違つて、依然不明であるものも少なくはありませんでした。

○何せ私たちの學校には、一定の學區域といふものがないから、子供たちは、全市に散在してるのです。いや全市どころか、區域からいへば府下にも及んでるのです。從て、燒失區域に住んでる子供たちの消息が、一番氣になつたのです。

○本所、深川、さういつた方は、一般の罹災狀況の慘鼻であつたのと共に、一番心配されました。

○そして、九月の二十日頃、全校八百餘の兒童中、百七名だけが燒け出されてしまつたことを知りました。

○それ等の兒童は、多くの罹災者のなめた辛酸をつぶさに味はつたのであるが、幸ひなことには、一人の死傷者もなかつたことです。隨分危險に瀕した者もあり、死ぬよりつらい困苦の中に身に處した者もあるが、すべて生命は全うすることが出來たのでした。

○學校では、十月の二日から授業をはじめました。震災後始めて、學校の講堂に子供たちを集めた時、私たちはかつての子供らをそのまゝに見ることが出來、子供たちもまたかつての私たちをそのまゝに見、そこには、言語によつてつくし得ぬ感謝が、共々の心から運命に對してさゝげられるものがありました。

○その翌くる日から課業をはじめました。子供たちが、綴方にかいたものは、何一つ地震に關係のないものはありませんでした。何回にもわたつて、長いものをかきました。一時間毎に項をかへては、やはり地震話をかきつゞけました。私共は、それを讀まされて、子供たちのかつてない深刻な記述に驚きました。

○凡ては遭難者であるが、中にも火の海を逃げまようた者には、苦しい體驗が烙印のやうに刻されしゐました。

○困難の絶頂に立たされた隣人に、小さい者が心からさゝげた同情にも、目をしばたゝかさせられました。

○國をあげての文化が、一朝にして荒地に變つたその燒野に立つて、彼等の感想したものにも、私たちの知つておいていゝ澤山のことがありました。

○その外、かうした際に起る一切の人間の表示、さういふものにも、通常では見られないものを見せてゐました。

○で、一は、曠古の異變を紀念するために、一はその災禍の中にかがやく人倫の寶玉を無益にしないために、謄寫にでもして、學校中でお互に頒たせようかとしたのでした。

○が、集めてみると、どれもこれも、すてられるものはありませんでした。文は拙くても、切々たる感想は生動してゐました。おぼつかない記述にも、まことなる人情がこもつてゐました。

○見れば見るほど、たゞそれだけの意味にとゞめてしまふことの、餘りに惜しいことに氣づきました。

○生涯を記念する上にも、歷史の記錄に光彩をそへるためにも、はたまた教育そのものゝ大事な資料としても、得難いものであるとに氣づきました。

大きい災難に遭つた人の姿も、これによつてしのべませう。またその災難の中にゐた人たちは、互ひに如何なる心持になつてゐたかも、想像がつきませう。つきつめた人生にも、そして暗黒にのみおほはれた社會にも、尙且つ美事善行の强い光を見得るといふことができませう。

○で、私共は、これを多くの人たちに頒たうと企てました。幸ひ書肆目黑氏の篤志は實費をもつて刊行することを承諾してくれました。

○當研究部の手に蒐められた子供の作品は、全校兒童の約半數、八百枚ばかりの分量でしたが、種々編纂の都合もあり、五百枚ばかりに減じ、百七十人ばかりの作品に限つてみました。ところが、實費印刷の都合上、且、震災後の印刷能力の關係上、それでも分量が大きに過ぎるので、約三百枚に減じ、百人ばかりの作にとゞめることにしました。

○凡てをこゝに收め得なかつたのは、殘念なことです。

○文には、私共からは決して手を加へないことにしました。從て、子供の作そのまゝです。

○多少表現に拙いところがあつても、內容を主として選びました。

○餘りに簡單にいひすぎてる事實などについては、作者にきゝたゞして、文末に註を加へました。

こゝだけが私共の手を加へたところです。」

大正十三年三月二十六日

東京高等師範學校附屬
小學校初等教育研究會

修身研究部

目次

第一　遭難記

第二　同情

第三　感想

第四　雜

遭難記

○大ヂシン

尋二　小林健夫

アノ時ハ、白井サンノ井ドノトコロデ、アソンデヰマシタ。キウニゴウツトイツタカト思フト、グラグラユレダシマシタ。ボクハオトモダチト「ヂシンダアイ」トイヒナガラ、コンド、トリヒラキニナツテ、家ノタツタトコロガ、ヒロクテ、カハラナドハオチテコナイト思ツタカラ、トモダチト大イソギデ、ソコヘカケダシマシタガ、マスマス大キクナルバカリデアツタ。ソレニカハラハアメノヤウニ、ザラザラオトヲタテ、、オチテクル。

ヂシンハナカナカヤマナイ。ボクガ、ハラヘ、ツイテ、スコシタツテカラ、ヤツトヤミマシタ。ソレトドウジニ火ジガオコツタ。マツカナ火ガ、ケムリノヤウニ、風ノムキニヨツテ、ウゴヰテヰル。ズヰブンモノスゴイモノデシタ。ソノウチニゴーツトイフト、マタグラグラウゴキダシマシタ。ボクハウチノコトガシンパイデナリマセンデシタ。ソレニ火ジモ大キクナルバカリデシタカラ、コマリマシタ。ヂシント火ジガ、レンゴウグンノヤウニナツテハ、サスガノ東京モゼンメツダラウト思ヒマシタ。マタヂシンモナカナカヤミマセン、ソノウチニオトウサンガ、ボクヲシンパイシテヰタト見エテ、サガシニキマシタ。ボクヲミルト、「コヽニヰタノカ。ソレナラヨシ」ト思ツタラシクマタカヘツテユキマシタ。コンドハオカアサンガ學校カラカヘツテキタノデ、ゴザヲシイテモラツテヰルト、中村サンガキタカラ、一シヨニ、ゴザノ上ニ、ナランデスワツテヰマシタ。オトウサンハ、ナシヤ、クワンヅメヲカツテキテクダサイマシタ。

ヨルニナルト、ウチガシンパイダトイフノデ、ウチノマヘニ、ゴザヲシイテネルコトニシマシタ

○ぢしんとくわじ

尋二　田中千代子

私はがくかうからかへつてごはんをたべてゐますと、だいどころの方ががた〳〵といひ出しましたから、はじめはぼんやりしてゐましたが、だん〳〵大きくなりましたので、びつくりして「それぢしんだ」といつておにはの方へかけだしました。

そして私は六じようからとびだしました。おかあさんはおさしきからはだしでおにはへとび出しました。それからおとなりのおうちからも私のうちのおにはにいらつしやいました。

私のおとうさまは、とほいところへいつていらつしやいましたから、わたくしはこはうございま

した。おとなりの高いところから向ふをみましたら、にうどうぐもがでてきましたから、はじめはあんどうさまと「ゆきがあんなにどつさりあるから、ばけつに一ぱいとつてゆきだるまをつくりませう」といつてゐましたが、私は「わたかもしれないから、たらひでうけてゐてこゝにおちてきたらひろひませう。」といひました。

それから又ばんの十二時ごろぢしんがくるとおつしやいましたので、おにはにござをしいてそれにかやをつつてふとんをしいて、おとなりのかたとその中にはいつてねようとしましたが、どうしてもねられませんでした。そしてにうどうぐもだとおもつたのは火じのけむりでした。

それからあくる日はすこうししづかになりました。

みつかめにはちやうせんじんがばくだんをなげたり、ゐどの中にどくを入れたり、それからいつどこへ火をつけるかわからないとおつしやいましたから、その日はほんたうににげるやういをして、私はようふくを二まいきてかばんをかけてゐました。

四日はすこししづかになりましたが、でんきはまだきませんので、ろうそくをつけてゐました。

五日にやうやくおとうさまがおかへりになりましたから、うれしうございました。

でんしやが神ぼうちようまでかようやうになりましたから、くだんにいつてその上からみましたら、いゝところがみんなやけてしまひましたのでおどろきました。

八日に熊本からおばあさまがわざ〳〵みまひにきてくださいました。それで中の方へおはかまゐりにまゐりますと、おはかの石がみんなたふれてゐました。こんどはひびやの方をみますとていこくげきじようもやけてゐました。

それからそのおとなりの東京くわいくわんはうちがねぢれてゐました。

そのつぎにはあさくさに行きましたら、中みせがみんなやけてしまつても、やけないまへのやうに、おまゐりがたくさんございました。それからはなやしきもみんなやけてゐました。そしてつるがやけあとにゐました。それからずつとれつをつくつてみづをいたゞきました。

十二かいはばくだんのためにすつかりなくなつてゐました。十二かいからぢしんのためにふりおとされた人のしんだといふおいけのよこもとほりました。ぐるりはみんなやけても、かんのんさまだけやけのこつたので、みんなかんのんさまにおまゐりします。

それからあづまばしがやけおちて、でんしやのせんろがまがつておちてゐましたから、ほんとにこはうございました。けれども私のうちはやけなかつたからうれしうございました。

○ぢしん

尋二　深作いくよ

九月一日

おひるごはんをたべようと思つて、しよくだうまでくると、きふに「がた〳〵」とぢしんがゆつてきました。

お女中は、いそいでねむつてゐるあかちやんをだき上げてかけてきました。そして六じようのおへやにみんなあつまりました。

みんなはぢしんがやんだのでほつといきをついて「こんな大きいぢしんははじめてだ」などゝいつてゐました。

するとまたゆれかへしがごつとおとを立てゝきました。

「それまたきた」

といつてまた六じようのおへやにあつまると、お母様は

「ゆれかへしは大きいから」

とおつしやつて、又
「早くおたんすのところへ」

とおつしやつて、手まねぎをなさいました。みんなはむちゆうになつてころげるやうにおたんすのところへきました。そしてやんだので大人はおだいどころへいつたり、私たちのへやへいつてみたりしました。

お兄さまはお二かいにいかうとなさいましたが「あぶなつかしくていかれない」とおつしやつていらつしやいました。

するとお母様は「こんどじしんがきたらいてふの木の下へおにげ」とおつしやつていらつしやつたのが、をはるかをはらないうちに又「ごと〱〱」とゆつて來たので、げたをはいていてふの木へきました。そしてかうもりをもつて、えんだいにお女中とおねえ様と私といもうとと赤ちやんとそれだけでこしかけてゐました。

おとなは家の中へはいつて、かべのさうじや色々なことをしてゐました。するとだれかが

「にうどうぐも〳〵」

といつたので見れば、わたのやうなくもがたつてゐました。

それからこは〴〵おふろにはいつて出てきました。

そしてねてしまひました。

九月二日

「けふはおにはにねる」とお母様がおつしやいました。

さあねるときにはこはいのやかぜやでちつともねむられませんでした。

そのうちにおとなりへてうせん人が三人はいつてきて「わあ〳〵」といふときのこゑがきこえます。わたくしはいくどかお母様に
「お母様、てうせん人がおうちへはいつてきたらどうするの」

とおきゝしてもお母様はだまつていらつしやいました。

あさの四じごろからうと〳〵してあさ六じまでねてしまひました。

かほをあらふのにいつもはおふろばのわきですが、けふはおゐどばたへ出てあらひました。

それからごはんをたべました。
けふは三回ほどゆれたさうです。
外であそびました。
三日めからそろ〱家へはいり出しました。

○大地震

尋三　鈴木達一郎

大正十二年九月一日の大地震は、わすれてならない、だいぢしんです。

僕が學校から歸つて、何かして遊ばうと思つて居たら、急にたんすがゆれるので、急いでお母様の所へ行つたらお母様は「大地震です」とおつしやつたので、僕はすぐふとんをかぶつてしまひました。するとかべは落ちる、瓦は落ちる、げんくわんのびやうぶはたふれる、とこの間にある本箱はたふれる、かけものはやぶける、手洗鉢はひつくりかへつてかける。花壇も植木鉢もみなひつくりかへりました。外は砂煙でした。そのうちに、どうやら地震がしづまりました。すると間もなくお父様がよそから歸つていらつしやいましたので、僕がお父様と外へ出たら、もう黒い煙があちらこちらにどんどん上つてゐました。夜は外へ、こしかけだいを出して夜明かしをしました。すると飯田橋の方は、もうまつかで火の海のやうでした。其の後も度々小さな地震がありました。僕はその度にびつくりしました。しかし、僕のうちは、つぶれもせず、火事にもあはなかつた事は、實に仕合せなことでした。

日本橋へ燒跡を見に行つたこと

僕は此間お父様と日本橋へ燒跡を見に行きました。先づ電車の中で見た所は、飯田橋市場の所からです。砲兵こうしようは屋根が取れて、中はすつかり燒けて、からつぽでした。本郷元町なんかみんな燒けて、家の形一つ殘つてゐませんでした。順天堂病院やお茶の水の女子高等師範學校なども、きれいに燒けてしまひました。土藏は皆屋根がとれてゐました。萬世橋驛も燒け落ちてしまひました。日本橋通へ出て見たら、白木屋なんか門の所だけ殘つて、其の外は皆燒けてしまひました。東海銀行は入口とよこの所だけしか殘つてゐません。そして高くれんぐわが積んでありました。日本橋を渡つた時、途中で下の方を見たら、水が土色で舟はおほかた燒けてありました。こんな風に前も後も右も左も見渡すかぎり燒野原で、實におそろしい事だと思ひました。

○しんさい十日間日記

尋三　増田英男

今日學校から歸つて、ごはんをたべてゐますときふに「がた〳〵〳〵〳〵」と地震がゆつて來た。ずゐぶん大きいので僕もたまらなくなつた。しよせいが「テーブルの下へおはいりなさい」といつた。にいさんとテーブルの下へはいつた。一度目の地しんがすんでから、にいさんとテーブルの下から出ようとすると、又「ゴーーッ」といふなりがして、やがて「ミシ〳〵〳〵」と地震がやつて來た。又テーブルの下へはいつた。やうやく外へ出て見ると、おくらがめちやくちやになつて居た。えんとつがたふれて居た。けれどもそんなことよりきにかゝるのはお母樣のことだつた。ちやうどその時は、びやうきでいらつしやつたので、しんぱいでならなかつた。

みんな外へ出て來た。お母樣もベツトのまゝ、そとへ出てそこへねた。それからみんなですゐくわをたべたが、僕はいつものやうにおいしく思はなかつた。なんども〳〵地しんがゆつた。「どん〳〵」といふ音がしてゐた。それはほうへいこうしようの火やくこのばくはつする音だつたさうだ。それからはそとであそんで、ばんまで家の中へはいらなかつた。そらはまつかに見えた。

その次の日も外にゐた。大へんにけむりがあがつてゐるから、三階へ見にいつたら、まつ黑の煙がのぼつてゐた。きふに地しんが來たからいそいで下へおりた。家の中はおちやわんのかけや、かべ土でいつぱいだつた。ばん方かとりさんや、いわばしさんがうちへにげて來た。おうちがもうやけるところださうだ。

その次の日は家の中がきれいになつた。あさのごはんをたべてゐると義ひこ樣が「かとうさんのうちはやけなかつた」といつて來た。みんなてをたゝいてよろこんだ。それからみんな自働車でかへつた。學校は休みだつた。水道がだん水だから、僕は雨がふるといゝと思つた。そとであそんでゐると、うちのじどうしやのうんてんしゆが「ちやうせんじんがつけびをするさうだ」といつて來た。みんながびつくりして、しよせいがうちのまはりをまはつた。「どどん」といふ音がしたのは、ちやうせんじんが、だん丸をなげたのださうだ。僕はこはかつたから、うちの中をまはつてゐた。まもなくばんになつた。しよせいたちは、ばんになつても、まだかへつてこなかつた。うちでも風がこつちへ來たから、にげるやうに、にもつをよういした。僕はなんとなく、こはいやうなおもしろいやうな、きがしてならなかつた。「ばん十二時頃大きな地しんが來る」といつて來たから、ばんもよくねられなかつた。

九月四日今日はそとであそんだ。うちへはいつたらかあ様が「大いそのおぢい様やおばあ様がしんぱいだ」といつて、ないていらつしやつた。僕はをかしいやうなかなしいやうなきがした。それからそとへ出た。ぶらんこをこいでゐると、又ぢしんが來たからびつくりした。この時雨がふり出して來たのでうれしかつた。火事はやんだ。ばんに、しよせいたちがやけいに出た。僕はねた。

九月五日朝べんきようしたけれども、かぜがくるたびに、ぢしんだと思つて、心がおちつかなかつた。べんきようをへて、いそいでそとへ出てあそんだ。うんてんしゆのうちに、いつぱいに、ひなんしやが來た。みんなきたないきものをきてゐたから、かはいさうだつた。にりんしやにのつてゐたら又ぢしんが來たので、それからおりた。ばん、かしやが大きなぶるどつくをつれて來たから、かあ様に「かつて下さい」といつたけれど「犬はだめだ」といつて、かつて下さらなかつた。僕はつまらなかつた。それからねた。

九月六日朝起きてみたら雨がふつてゐたので、そとへはでられなかつた。うちの中であそんでゐた。雨がやんだからそとへでた。そとへでて見ると池の水があふれさうだつた。

きんぎよが出てゐないかと思つてみたが、一匹も出てゐなかつた。かめをお池に出してやつたらよろこんだ。それから二りんしやにのつた。二りんしやでうちの中をまはつた。なんにもなかつた。それからうちの中へはいつた。へやへいつて考へて見ればどうもにくらしいぢしんだ。ちやうどかあ様のびやうきの時を、いぢわるくやつて來た。あんせいのぢしんよりは、よはかつたらうと思つた。こんなことを考へて居ると、「ごはんだ」といつて來たのですぐいつた。こんやはじめてふろへはいつた。

九月七日今日は朝起きるとそとであそんだ。むかふの方に煙が見えたからしよせいにいつて、三階にのぼつたら、遠くの方がさかんにもえてゐた。「ばんにも見えないかしらん」と僕が兄さんにきいたら「そのころまでにはきえるだらう」とおつしやつた。それからそとであそんでゐたら、女中が「三かはしまの火じですよ」といつて來た。ばんになつて、三階へいつたらもうきえてゐた。それからごはんをたべた。ごはんをすませてから、あさひぐらふを見た。さんふらんしすこの、大ぢしんのゑと、安せいの大ぢしんのゑとが、のつてゐた。一ばん下に今どの大ぢしんのゑがあつた見くらべて見ると安せいの大ぢしんが一ばん大きかつたやうだつた。

九月八日朝ねぼう。いそいで起きて見ると、もう八時だつた。それからきものをきかへてそとへ出た。二りんしやにのつた。それからうらどほりへでた。れんぐわべいのくづれたのをこはしてゐた。いけであそんだが水が少なかつた。いけのはんぶんばかりにしか水がなかつた。ふねがそとへながされてゐた。それを水の上へうかべてあそんだ。しばらくたつてから二りんしやにのつた。うちの畠がぢしんのためにきたなくなつて居た。社のこづかひさんが大いそへいつた。

ばんになるとしよせいぺやへいつて、あそんだ。九時半ごろねた。

九月九日今日はてんきだつた。にはとりが「こけこつこ――」とないてゐた。いそいできものを着かへてそとへでた。きもちがよかつた。それからすな場で遊んだ。ひかうきが一ぱい、とんでいつたのを見た。ゆふがたに「ガタ〳〵〳〵」とぢしんがやつて來た。いそいでにはのまん中へ出た。

九月十日朝目をさましたら、雨がふつて風がひどくて、大へんだつた。雨と風がやんでから見たらにはのうめの木が一枝おれてゐた。いけを見れば水があふれてゐた。きものをきてそとへ出た。木の葉が一ぱいおつこつてゐた。

とてもたくさんなのではききれなかつた。又あしたのぶんにしておいた。花だんがめちや〳〵になつてゐた。

○九月一日の大ぢしん

尋三　中川京子

學校からかへつて來て、おにかいでお兄様やお姉様と勉强をして居りましたら、きふに、大きな地しんがゆれてまゐりました。

あまり大きいので、したへおりようとおもひましても、がた〳〵うごいて、どうしてもおりることが出來ませんでした。

そのうちにお母さまが「下へおりるやうに」とおつしやいましたので、みなむちゆうになつており、お父様やお母様など、みんなで、おにはの木の下へにげました。

石どうろうなどが、おとをたてゝ、たふれてきます。

しばらくして、みんなたびをはいて、お母様や小さい兄さまやお姉様やいもうとや女中と、あづまばしのたもとまでにげました。

すこしたつと、お父様やお兄様がいらつしやいました。あづまばしを火におはれにげました。あづまばしのまんなかごろで、うしろを見ましたら火の海になつてゐました。もうそのころは私のお家もやけてゐたのでせう。私があづまばしを渡つてる時には火の子の雨でした。

それから、あさくさの知り合のおうちの方をみたら、そこもやけてゐましたから、下谷の知り合へ行きました。その時には、もう六時頃でしたらう。

そのまにそこも、けんのんになつたのでいけのはたににげました。こゝでやうやく、ごはんをいただき、しんせつな方から、おふとんをかりて一ばん外へねました。

つぎの日はだんござかへにげましたが、だん〴〵こちらにも火がきさうなので、かご町の方へ行くことにきめみんなであるきました。荷を下して、二三日もとまりました。そのうちに中野のをぢさまが、おむかへに來て下さいました。

中野のをぢ様のとこへ、四十日とまりまして、やうやく瀧の川へお家を見つけてこしました。

そこで學校へくることもできるやうになつたのです。お友だちにはじめてあつたときは、何にもいはれませんでした。何一つなくやけてしまひましたが、早くにげたのでだれもけがはしません。

もしおくれたらみんな死んでゐたかも知れません。

○やけあとへいつたこと

昨日私はお母様と大きいお兄様といもうととやけあとへいきました。一とうさきに王子でんしやにのり、大塚でおりました。それからしようせんにのりかへて、上野までいつて、あとはじどう車でいきました。さうして、かみなり門でおりました。あさくさのくわんのん様へいつたけれども、どこがどこだかちつともわかりませんでした。くわんのん様をでたら、どこへどういつていゝかわからなくてこまりましたが、大きいお兄様が「こつちへいくんだ」とおつしやつので、そのあとについて行きました。

そのうちに橋がみえてきましたからそれでやうやうわかりました。が、こんどは、橋をわたつてからどこへどういつていゝかわからなかつた。そつちへうろ〳〵こつちへうろ〳〵して、とうとうお家へきてしまひました。

「どこがおくらだらう」とおもつてさがしてゐたら、やうやう見つかりました。おくらの中にはやけたおちやわんがはいつてゐました。私はいゝのだけよつて、かたみにもつてきました。
そのうちにもう五時ごろになつてしまひましたから、いそいでお家へかへりました。

註　作者は本所區中郷町

○六地震のことと火事のこと

尋四　肥後又雄

僕は學校からかへつて、食事をすませて、二階へ上つてちようめんに字をかいてゐますと、なんだかうちがうごくのでそとを見ると、自どう車もにぐるまもとほつてゐないと思つてゐるうちに、だん／＼ゆれかたがひどくなつて來たので、ほら地震だと僕がいふと、お兄さんがあはてゝ下へ降りていらつしやつた。僕は机の下へもぐりこんでしまひました。

地震はます／＼ひどくなつて、おねえさんの本箱がたふれてしまつた。僕はあまりこはくなつたので、机の下からはみ出て「お父さん／＼／＼」とよんだけれども、きこえなかつたと見えて、へんじがなかつた。僕は地震がやんでから下へおりたので、どうもしなかつたけれども、お兄さんは地震のまつさい中におりたので、四五だんめからまつさかさまにつゐらくしたといふことです。おとうとやおねえさんはおとなりのうちへあそびにいつてゐて、おとうとゝ、となりの子供と二人でだき合つてゐた。おねえさんはあかちやんをだいてゐたので、あかちやんはけがをしなかつた。

皆下の四疊半にあつまつてそとへ出て電車通を見ると、人が一ぱいゐた。僕たちも電車通へ行きました。電車通にむしろをしいてすわつてゐますと、向ふの方から、「四時十分がきけんですからきをつけて下さい」といつて通りました。お父様は四ど目にいひに來た人に「君はそんなうそをどこからきいて來た」「けいしちようからきいてきました。」といふと、お父様は「そんなうそを言つたらみんながおどろくぢやないか」いふと、まつかなかほをしてひつかへしていつたといふことです。それから大きな地震はないと思ひましたが、よしんはありました。

それからみんなで坂本さんの家の前へ行きました。そのうちに夕方になりました。向ふの空がまつかになりました。その時僕はなんだかへんなきもちになつて今火事はどこがもえてゐるんだらう。あゝ今は白山上がもえてゐるんだなんと思つてしまひました。それからけいかいを十二時までやつて、あとはお父様にしてもらつてねました。あすのあさおきて見ますと、でんづういんの方から火の子がとんで來ますから、僕はお父様やお母様へ「佐々くんや波田さんたちはみんなにもつを出したから、うちもだいじなものを出しなさいよ」といふとお父様やお母様は、僕だちのきものやお母様の着物やお父様の着もものをこをりやかばんの中へ入れて、いざ火事といふ時はぢきもつてにげられるやうにちやんとよういをしておきました。それから僕はお父様に「今火事はどこ」といふと「今はかんのん様がもえてゐるんだ」とおつしやいました。「大つかの方は」とき〻ますと、「こまごめがもえてゐるんだ」とおつしやいました。けれ共火の子はとんで來ませんでしたから、お父様に「もう火の子はとんでこないぢやありませんか」といふとお父様は、「もうこまごめの方の火事はやんださうだ」とさうおつしやいました。こまごめの方はきえましたからあんしんです。だけれどもあさくさの方がしんぱいです。あさくさの方の火事がだん〳〵上野の方へ來て、その日の夕方上野がもえました。上野で火事はとまりましたが、なか〳〵うんともえました。人も二十萬人いじよう死にましたといふうはさです。十二階は九階目から折れて、人形町や京橋通や日本橋通やぎんざ通や本所ふか川はみんなぜんめつだといひます。人の一ばん死んだ所は、ひふくしようや、よしはらだといひます。

○大地震

尋四　宮部　功

僕がつみ木をして遊んでゐると、急にがた〳〵と音がしたと思ふと、ひどい地震になりました。いそいでたんすの前に行つて小さくなつてゐました。其の中に少し地震がやんだので、臺所の方を見ると、棚の上にあつた物は皆おつこちてころげてゐます。へつついは二つにわれてゐました。

くら前のざしきの方から黑いけむりが來ますのでおばあさんがくら前へいつて見ますと、おくらがおちてゐました。おばあさんがはしごだんの所へ行つて叔父さんをよびますと、叔父さんが二階から下りて來て「そんな所にゐてはあぶないから、早く庭へ出ろ〳〵」とおつしやつたので、急いで庭へ出ました。すると前の家のお母さんたちが「ちよつとお庭へ入れて下さい」といつていらつしやつたので、庭へ入れてあげました。もう火事だといふのでまつ黑こげになつた紙だのいろ〳〵なやけた物がばた〳〵ばた〳〵ととんで來ます。

おにぎりを食べてから、僕や前の家の小母さんたちだけさきに、ほうじようさんの門の所へ行つておばあさんや叔父さんたちの來るのを待つてゐました。いくら待つてもおばあさんたちが來ないので、待ちどほしくこはくなつたので、叔母さんたちと一しよに、おちやの水の學校の中へはいりました。そこでも來るか來るかと待つてゐますと、おばあさんたちが來たので、そこで一しよにやすんで向ふの方を見ると、さかんにやけてゐます。空を見るとお日樣は赤くなつてゐました。すると弓町のをばさんの家の人が來て「おばあさん、そんな所にゐてはいけません。どうなるか分らないから早くこつちへいらつしやい」と言つてくれたので、弓町の叔母さんの家へ行きました。行つて十五分もたゝないのに、もう叔母さんの家があぶないといふので、おばあさんと僕だけ先に大學の中に行きました。男の人たちは叔母さんの家のものを大がい出してから家へかへつて風のもやうを見てゐて、いよ〳〵火が來たといふので、近所の小さな家をつぶして火をとめてから家へかへつてねました。と言ひますが、僕やおばあさんは大學の中にはいつてみますと、いつたんけしたのから出た火が、大きくなつて來たので、正門へ行きますと、正門も火が一ばいなので、高等學校の前に行きますと、叔母さんたちがゐました。

そのばんは西片町のしんせきの家でやつかいになりました。翌日の朝、かほをあらつてざしきの方へ行かうとしてゐますと、叔母さんの家の男の人が來て「家がのこつた」と言ひましたので、朝のごはんを食べてから叔母さんの家へ歸りました。
僕は地震と火事が一とうこはうございます。

○大地震

零四　林　慶

九月一日は、ひさしぶりで學校へ行きました。

學校からかへつて庭で遊んで居ましたが、お晝になつたので湯どのへいつて手を洗つてゐました。がらす戸ががた〳〵ゆれたので始めは風かと思つてゐると、急にひどくゆれ出したので地震だ、大へんだと思つて、お母さんのいらつしやる方へ來ると、お母さんは太い櫻の木につかまつて、皆を呼んでいらつしやいましたから、僕も急いでそばへつかまりましたが、ぐら〳〵ねがゆれました。お母さんははじめえんがはまで出て、二階を見ましたら、二かいのとよの中の水が一度におちて來たので、びつくりしておねえさんと一しよに庭へとび出したのだとおつしやいました。おばあさんは食どうの所のがらすが落ちて來て、ほゝぺたから少し血が出てゐました。お母さんやおばあさんは、上野の家や音羽の家がしんぱいなので、中のねえさんと兄さん方がすぐ電話をかけにいらつしやいましたが、その時はもう電話がつうじなかつたといつてかへつていらつしやいました。

地震はあとからあとからとたくさんありました。時々大きな音もどーん〳〵となりました。そしてへんないやなもく〳〵した雲が出て來ました。

其の日はぶだうだなへ大きなふろしきをしいて日よけにして一日其所でくらしました。御飯もそこで食べました。三時頃お店の人がどんなやうすか見に來てくれました。上野の家は地震ではなんともなかつたと言ひました。丸の内の家も何ともないので、あんしんしてかへりました。

夕方になると、へんなもく〳〵した雲がまつかになつてしまひました。東京の方も一ぱい火でした。お母さんやおばあさんは上野の家がやけたかやけないかしんぱいして、いく度もいく度も坂の途中まで見に行つてはしんぱいしていらつしやいました。

夜は子供は皆ねましたがお母さんやおばあさんや女中は皆ねずに居て、少しでもゆれるとすぐおこして下さいました。

二日目の日は岩田さんが、ざいごう軍人のなりをして東京へ行くといふので、お母さんは、ぜひ岩田さんに上野の家の樣子を見て來て下さいとたのみました。かへつて來ての話をきくと　家にはだれもゐませんでしたから　池のはたや上野の山へ行つてよんで見ましたが　何んともへんじがありませんでした、と言ひました。あとで聞いたらその時は池のはたへひなんしてゐたのだとおつしやいました。

同じ日に岩田さんのおぢいさんも見に行つて下さいました。その時はお父さんもおぢいさんもお店に居らつしやつて、此所は大丈夫ですからとおつしやつたと言つてかへつて來ました。

夜になつてやつとねようとするとざいごう軍人が來て「てうせん人がたくさんはいつて來ましたから氣をつけて下さい」と言つたので、急にこはくてたまらなくなつて、岩田さんの家へ行つて、其所で一夜あかしました。とう〳〵二日目の日も、おとうさまもおぢいさまもいらつしやいませんでした。二日目の晩とう〳〵お店がやけさうになつたので、しんるゐの人も一しよに大ぜいで上野をにげて、とちゆうでむりに車をかりて、少しの荷物とおぢいさんを乘せて、三日目の朝こつちへ逃げて來ました。お父さまやおぢいさまのおつきになつた時、お母さんもおばあさんもしんるゐの人も皆ないていらつしやいました。上野の家は一ぺんのこつたさうですが、家のきんじよへてうせん人がばくだんをなげたのでやけたのださうでした。くらもおちてしまつて、大事なものも皆やけたさうです。

僕は電車が通るやうになつてから、やけあとを見にゆきましたが、皆、やけてしまつて、どこが家だかわかりませんでした。

僕たちも、もしも上野の家にゐたら大ぜいですから死んだかもしれない。こつちに家があつたからと、おねえさまがおつしやいました。そしてお友達の死んだ話や、やけて家のない人の話をして下さいました。

○ ぢしんと火事

尋五 富田冬子

昔からぢしんかみなり火事おやぢと申しましたが、私のおやぢは、こはくありません。まだかみなりのこはいことには、あひませんが、ぢしんと火事にはひどい目にあひました。八月三十一日にお父様が學校のお友だちの、たみのさんと云ふ方と一しよに箱根へ、いらつしやいました。九月一日には松岡さんと云ふ方がお父様と、とまりがけで京とからいらつしやいました。十時頃おつきになつたので、お晝まであそんで、さあごはんだといふのでおはしをとると、ぐら〳〵とゆれだしました。初めはふつうのよはいぢしんだと思つて平氣でゐましたのに、その中にばら〳〵とかべがおちる、まだゆつてゐるので私はむ中で高橋樣にとび付きました。高橋樣と云ふのは、おばあさんのかんごふです。高橋さんは私がとびついたのでいきなりえんがはからとびおり、おにはのまん中の芝ふへかけつけました。

芝ふに足がかゝるかかゝらない中に、高橋さんがころんだので、私は高橋さんの下じきになつて、こしとあたまをうんとうちました。高橋さんがとびだしたので、皆は一せいに、芝ふへかけつけました。その中にぢやん〳〵〳〵と三つばんがなりました。又つゞいて、じやん〳〵とすりばんしやうがなりました。

そこへ寺野さんの小母さん、千里さん、吉子さん、松ちやんが、いらつしやいました。そして本鄉座と大學がもえて居るのですと、をしへて下さいました。

小母「にげるとしたらどこへにげませう」

母「さあまだ大學のこつちの方がやけませんからまあにげるとしたら大學ですね」

そこへくわしやの八公が來ました。そのころは本鄉座は火を風下にうけてゐました。

八公「おくさまごきげんよろしうございます、おにげになるなら岩崎さんのうら門があいてをりますから」

小母「ありがたう、ぢやにげませう」

そこで私たちはごはんをたべ荷物には、毛布、書類、着がへ、私はランドセルの中へ學校どうぐとちよ金ちようとバイブルと、しんじゆのくびかざりと、うでわの入つた小箱とをつめ、おばあさんをかつぎ岩崎さんのおやしきに、ひなんしました。私より先きに二三百人ひなんしてゐる人がゐました。時々ぐら〳〵とゆれだすので、ねられませんでした。

一番こはかつたのは二日の夜でした。私は三方火にかこまれてねたのです。

二日の夜は池のはたがもえたので、火のこがどん〳〵ふつて來ます。しかたがないのでからかさの形をしてゐる、いちようの木の下に入りました、それでも間からおちるので私はあたまから毛布をかぶりました。

「ピリピリ〳〵」

非常笛がなります。皆はさあにげるのだといひながら、大學や、やけ跡にひなんして行きます。

私たち、寺野さん、其のほかに百人ばかりのこつて、じつとしてゐました。

やがて火事もやみました。今度はせんじんさわぎとなりました。方々でうはさをしてゐます。井戸にげきやくを入れる。

パン、まんじゆうにどくを入れる。

龍岡ろうに三人入つた。

かういふうはさが次から次へと、ひろがります。三日目の晝かへつて見ると、まあきみがわるい、へんな女がねてゐるではありませんか、そして自分のかほをかくし私の方を見ました。

松岡さんのお父さんは、そのへんな女に

「こゝはかはらがおちさうで、あぶないから早くかへつて下さい」

するとへんな女はだまつてかへりました。

四日夜たみのさんがいらつしやつて

民野「富田君はぶじです。今日うちにとまつていらつしやいます。明日自働車でむかへに來て下さい」

とおつしやつてお歸りになりました。

五日にさつそく森田の自働車でむかへにやりました。やがてお父さまがかへつていらつしやいました。

父「東京えきを出て、汽車と電車で、宮の下までいつた、それから、歩いて仙石原のおんせんへとまつた。九月一日晝前に出て宮下へ下りる途中地しんにあつた。道の左は高いがけで、右は石ころのかはらへ下りる土手だつた。すぐに土手からかはへ下りた。ふりかへるとおちて來た土で往來はうまつてゐた。もし往來の上を、にげたならどうなつたかわからなかつたね、あぶないことだつた。それから後はとまる宿屋もないし、お飯は買ふことは出來ないし、親切な人からもらつて食べて來たよ。そしてやつと五日にうちへかへつて皆の顔を見てやつと安心した。かういふ時には丈夫なのが一番のたからだよ」

とおつしやいました。

○震災記

尋六　增田清三

九月一日

始業式を終つて家へ歸つた。

「いよ〳〵この夏休みもすんで、三日から授業が始まるのだ」と思ひながら、學校の準備をしだした。間もなく女中が食事のしらせに來たので、茶の間へいき皆と食事をした。

やがて食事もすみ「ごちさうさま」と言つて、立ち上らうとした。その時遠くからゴーといふ風の吹きつける樣な音と共に、ガタ〳〵家が動き出した。「あゝ地震だ」ゆれはだん〳〵ひどくなつたので、思はず共場に四つんばひになつてしまつた。

テーブルの上に飾つてあつた花瓶は倒れるし、皿をしまつてある戸棚は開きが開いて、中から皿が疊へどん〳〵おつこちてわれる。又壁はパタ〳〵と落ちる。その中にやうやく地震は鎭まつた。しかしまだ油斷はならないと思つて、急いでテーブルの下にもぐりこんだ。

女中は皆、リウマチスでねて居る母の所へかけていつた。弟はべそをかいてテーブルにかぢりついて居たが、こはくなつたので僕のまねをしてテーブルの下にもぐりこんだ。はたして間もなくゆりかへしが來た。僕はテーブルのあしにかぢりついて目をつぶつて思ふままにゆられてゐた。又第二回の地震も鎭まつた。もう大分安心した。

すると今度は母の事が心配になり、テーブルの下からもぐり出て母の所へいつた。母は病室の片すみにあるたんすにつかまり看護婦や女中に守られてゐた。しかし女中は少し落ちつくと今度は火元が心配になつたと見え台所へ皆いつてしまつた。

母は動けぬ身をむりに動かしながら女中等に「火を消しさへすれば何もかまはぬから一しよに集つておいで」と叫んだ。そのまに又第三回の地震ががたがたとゆれ出した。女中等は又びつくりして母の部屋へかけて來た。しかし第三回のは第一回のに比較するとそれ程でもなかつた。

兄は一向平氣で家中を見てまはつて居た。弟はまだテーブルの下にゐた。その中に書生がきて母に運動場へ出ることをすゝめた。そこで運動場へベツトを持ち出し、そこへ母をねかした。僕も弟と一しよに運動場へ出た。運動場には家の自働車の運轉手の家族と、家の巡査の家族がもう避難してゐた。

家の藏はもう瓦壁は跡方もなくふるひおとされ柱だけがさびしさうにたつてゐた。

その中に大工が二人自轉車で見舞に來て吳れる、つゞいて植木屋、とび其の他家の出入商人が續續やつて來た。その間にもまだ時時小さいのがガタ〳〵とやつて來る。

其中に父が自働車で歸つて來た。父は汗をふきながら「丁度上野の院展を見て、それから婦人世界の畫の展覽會が三越にあるのでそこへゆかうとした所が、パツタリ休憩所で牧野子爵、靑木子爵にあひ「まあいゝぢやないか」ととめられ、とう〳〵其處に半時間位話しこんでしまひ、出口まで來るとこの大地震にあつた。第一回の地震がしづまると物ずきな私は、又わざ〳〵ひつかへして美しい彫刻のむざ〳〵にこはれた所を見て廻つた。それからいそいで社に行き巡査や消防夫のとめるのもきかず、社の中へはいり三階へいつて實印などをとらうとした。所が机のそば迄ゆくと急にガタ〳〵とゆれ出したので急いで下へ下りて來た。しかし鎭まると又三階へ上つたが又ガタ〳〵とゆれるので、又下へ下りて來た。かういふ風に三度上つていつたがとれなかつた。そこであきらめて家へ歸つて來たのだ。」といふ話であつた。おしまひに父は「もし牧野さん等がゐなかつたら三越へいつてどんなめに逢つたかもわからなかつた」と言つて喜んでゐた。

するとそこへ兄が來て「火事だよ三階へ上るとよく見えるずゐぶん方々がもえて居るらしい」と僕に言つた。しかし僕はまだこはくてとても三階へ上れなかつた。しばらくたつてやうやく三階へ行く氣になり兄と一しよに行つて見た。窓を明けて四方を見廻した。成程一高の後の方や神田の方を始め、數ケ所から煙が立ち上つて居る。しかし水道は斷水したので消止めることは出來ない。ただ見て居るより仕方がないのである。それから三階から下りて又外へ出た。こんどは地震より火事の方がこはくなつて來た。火事はだん〴〵ひどくなつて行くやうである。煙は天をもこがさんばかりに立ち上り、數ケ所から上る煙が高く〳〵なるに從つて黑雲だつたのが白雲にかはり、一つにかたまつて雪のやうになり、だん〴〵こつちをとりまくやうにおしよせて來る、その煙を見てさへ恐しい。社員の梅山さん、神田さん等を始め家の近い人は見舞に來て吳れた。

その中にだん〴〵うす暗くなつて來た。地震ももうさう大きいのはなくなり大分おちついたので家の中へ引きあげた。書生や女中は家の掃除や夕飯のしたくでいそがしさうに働いてゐた。七時頃やうやくおむすびが出來たので、暗い燭台をかこんでそれをたべた。しかしまだなんと無く家中がそは〳〵してゐた。夕飯もそこ〳〵に又三階へ見と行つてみた。こんどは煙がまつかな雲にかはつてしまひ、前より倚恐ろしくなつた。三階から下りて又外へ出た。

その時巡査が來て十二時頃又第一回位の大地震がくると言つて行きました。僕の頭はもう火事と地震の事で一ぱいになつてゐた。

父が僕に「もう大きい地震はないよ、もしあつたらすぐ起してやるからもう寢たらいゝだらう」と言つた。「ごきげんよう」といつて寢たものゝやはり巡査の言ひに來たとが氣にかゝつてねむられない。とう〳〵時計は十時をうつた。まだねむられない、やがて十二時になつた。しかし大きな地震はくる樣子もない。そこでやうやく安心してねむつた。

九月二日

それからはぐつすりねこんで朝の八時迄日がさめなかつた。起きるとすぐ三階へいつて見た。するとまだ火事は消えない。朝飯もむすび一つしかのどに通らなかつた。昨夜十二時半頃僕がねむつて少し立つてから、社の梅山さんが「南鍋町の假事務所はとう〳〵夕方四時過ぎに燒けてしまひました」とがつかりしたやうな顔をして言ひに來たといふことである。そこで父と小さい兄と僕とそれから父の祕書をつとめてゐる淺倉さんと、四人で燒け跡を見ながら新築事務所へゆかうと、午前十時に徒步で家を出た。指ケ谷町の電車通りへ出るまでは家がかしいだとか、こはれたとかいふのは一つもなかつたが、こゝからは大へんなちがひである。電車がとまつて居たり、自働車がはすになつたり、横になつたまゝ止つて居たりして居る。そしてそれらの中にはいつて、住んでゐたり、又は、ふとんなどを二つにわけて澤山つみ上げ、その間にとたんを渡したり等して住んで居る人が大勢あつた。又家のつぶれて居るのも方々にあつた。殊にかあいさうなのは何も知らない小さい子供が、その小屋の中で、たのしさうに遊んでゐたり、おなかゞへつたといつて母にせがんだりする子供もあつた。

やがて春日町の交叉點も過ぎて少し行くと、もうそこからは燒野か原である。何處を見ても黑こげの材木がころがり、又電線はきれて道の眞中にたれて居る。やがて水道橋まで來た。大きな門の松平伯の邸宅も今ではまるで、どこにあつたかわからない位。水道橋の靡も、もうめちやくにこはれてゐた。又水道橋の橋の兩端に人が二人燒け死んで居たのを見つけた。始めてこゝで死人を見た。此所を通って段々に行くと電車軌道に又二人死んで居て、そのよこには、ただ、とたん板一枚かけてあるだけである。男か女かの區別はまるきりつかず、そのにほひがまた格別である。

だん〳〵ゆくに從ひその周圍の悲慘な樣は益々ひどくなつてゐる。やはりどこまで行つても見渡す限りの燒け野の原である。

その中に神保町の交叉點迄來た。燒け殘つてゐるものは、石でたてた交番と、「止まれ進め」とである。その交番の周圍は、どろまみれな官服をつけた巡査に道をきく人と、交番にはつてあるはり紙を見る人々で一ぱいである。

こゝも通りすぎて又どん〳〵行くと一つ橋まで來た。如水館は屋根だけすつかり燒けてしまひ唯鐵で作つた棟だけが殘つてゐた。一つ橋はまだ盛にもえてゐた。そこで電車通りにそうて行くとにした。こゝからはまだ方々藏などがもえて居たり、鐵のくづのやうな物が澤山もえてゐたりした。その前を通る時、顔が大へんあついので顔のあつさをふせぎながら行く。その上に木造の西洋館が今にももえて倒れさうになつて居る。そこをむ中でかけ通る時、足に電線がひつかゝつたり、おきつぱなしにして有る荷車にぶつかつたりする。

だん〳〵ゆくとこんどは電車や自働車が焼けて、臺骨だけが殘つてゐるのが澤山あつた、又ねこがこげてゐたまゝ燒け死んでゐた。

しばらくゆくうちに製氷會社の燒け跡の前まで來た。すると此所では燒け殘つた氷を、大勢の避難民がたかつて掘り出してゐる。どこから持つて來るのか、とたんやぶりき板を、ひきずつて來たそこいらにのりすてた乘れないやうな自轉車を持つて來て、これらにいはへつけてひきずつてゆく、その音で耳がつんぼになりさうであつた。

父はもう大ぶんつかれたと見え、製氷會社より少しいつた所に燒けないで殘つてゐた電車を指して「この中にはいつて少し休まう」と言つた。そこでその電車の中へはいつて一休みした。電車の中には避難者が五六人ゐた。父はその中の一人の四十五六位な色黑い太つた女に向つて「どうも大變なことになつたね。お前さんのうちはどうだね」と問いた。するとその女は父の方をふりむいて「えゝ私ですか、私はねすぐそこに半燒けになつた銀行のすぐ裏に住んでゐる者で、荷物なんて一つも出さずににげ出したんでさあ、そしてね小石川の方に遠い親戚があるもんで、そこへたよつていつて世話になつてゐるんですが、何しろ一ぺん家の燒け跡が見たいものでほつかぶりで、しりはしよりといふ風で來て今こゝで休んでるんですよ。まあこの氷は共同のものですから遠慮なくおたべなさいや」と言つて黒くなつたバケツに入れてある氷を指さした。僕にも食べろと指さして進めて呉れたが、なんだかきみがわるくて食べられなかつた。併し父は「どうもありがたう」と言つて大きなかけらを一つ取つて口にほゝばつた。

それから少し休んで、その女に氷の禮を云つてわかれ、電車からおりて又てく／＼あるき出した。その中に日本銀行の前まで來た。もうこの銀行は今火がはいつたと見え、前の川から消防夫が一生懸命ほうすで水を吸ひあげてはかけてゐた。

その中に遠く新築事務所が見えて來た。俄かに力づいて歩き出した。やうやく新築事務所へついた。ついて見ると新築の方は、地震では何んともなかつたと見えて、どこにもすぢ一つはいつた所はなかつたが、三方から火が來たので裏がはの倉庫にする部屋の柱だけが、こげてゐた。父はそこを見ながら「しかしよく柱がやけた位ですんだものだ」と言つて喜んでゐた。

それから父は社の人を指さして、假事務所が火事で危くなつた時、居のこりの社の人が、車で運んで來た重要書類をそれ／＼始末した。すつかり始末してしまふと、父は家から持つて來たむすびをひろげて「さあ諸君遠慮なくこれをたべ給へ」と言つてそれから僕や兄にも「お前早くお食べ」と言つた。僕は食べるつもりで、一つむすびをとつてアグリと口へ入れた。するとこのむすびの味がこゝへくる迄かいでゐた死人の臭と同じである。僕は急いでホツケツトから紙を出して、其れへそつとはき出してしまつた。そしてそのむすびをその紙につゝんで、しらん顔をしながらポツケツトに又いれてしまつた。僕はもう再び食べる氣にはなれなかつた。兄は始から父に食べろといはれて一つも食べずにすましてしまつた。社の人と父は、うまさうに皆食べてしまつた。晝飯もすむと、父はふだん歩きつけないため、大へんくたびれたと見え晝飯をたべた三階の一番廣い部屋へむしろをしき、横になつたかと思ふとすぐグウ〳〵いびきをかいてねてしまつた。社の人も社長がねるならと、皆又むしろを敷いて續いてグウ〳〵といびきをかいてねてしまつた。起きて居るのは僕と兄だけである、僕もねようと思つてそこいらにおつぽり出してあるむしろの上に、横になつた。新しく急に火事の事が心配になつて窓から外を見た。すると小石川の方に煙が見える。その内に兄もねてしまつた。今度は一人ぼつちになつて仕舞つた。何んだか心細くなつて來た。僕は又ねむらうと思つて、むしろの上に横になつたが、僕の頭にはどうしても今外を見た時小石川の方に煙がど立上つてゐる事が消え去らない。その上に空がだん〳〵曇つて雨が降りさうになつて來たので、避難民が假小屋の屋根にするため、方々から赤くなつたトタンやブリキ板を、ひきずつて來る。その音がするので、どうしてもねむれない。じつと目をあいてゐた。「もしあの煙がほんとに小石川でしても、家のそばであつたら、母はどうして逃げるであらう」さう思ふと、こんどは早く家へかへりたくなつてしまつた。懷中時計を取り出して見ると、もう二時半である。

その中に兄が目をさました。つゞいて社の大江さんや、父の秘書の淺倉さんが目をさました。少しにぎやかになつた。僕はしかし、にぎやかになればなるほど、早く家へかへりたくなつて來た。父を起さうかしらと思つて見たが、もし起して社を出ても、もう大分年をとつてゐる上に、歩きつけないから途中でたふれるかも知れない。さうしたら尙大變なことになると思つて、父の起きる迄せく氣をしづめて、その部屋から出て一階や二階に下りてみたり、四階へ上つて見たりしてまつて居た。やがて四時少し前に父は目をさました。父は大きなあくびをしながら「あゝよくねた。もう何時だらう」と言つて時計を見た。「もう四時十分前かさあそろ〳〵行くかな」と言つて立ちあがつた。

この勢におどろいて社の人は皆目をさました。そこで小石川の方へ行く人と一しよに社を出た。こんどは社の人が三人ゐるので、少しにぎやかであつた。

前來た道は今日本銀行が盛んにもえてゐて、通れないので、道をかへ比久尼橋を渡り、鍛冶橋を渡つて東京府廳の前を通つて宮城の前へ出た。こゝまで來る途中でも、やはり、とたん板やブリキ板をひきずつて歩いてゐる。そのほこりや音で大變である。又市廳の門前をはじめ方々のはり紙を見る人が黑山の樣である。又府廳から少し行つた所に、どうしてたまつたのか、きたない泥水がたまつてゐた。そしてその周圍には避難民が釜を洗つたり、さうかと思へば體を洗つたりしてゐる。

それから宮城前の廣場を通り、中央氣象台の前を通つて、一つ橋へ出た。宮城前の廣場は荷車や自働車の乘り捨てたのや、避難民の假小屋で、一ぱいであつた。又乘り捨てた自働車の中を住ゐにしてゐるものも澤山あつた。又中央氣象台の燒け殘つた、鐵筋のコンクリートの風進台の外に、はまつてゐる時計が十二時三分前（第一回の地震があつた時）で止つてゐた。それから一つ橋の前も通り、尙お堀にそつて歩き雉子橋を渡つて、そこで一しよに來た梅山さんがどこからか氷をもつて來た。そこでそれを少しかいて水のかはりに皆でたべた。

しばらく休んでそれから又歩き出し少し行くと、そこからに又燒けの原となつた。こんどは來た時とまるつきり反對の道を通り神保町へ出た。この道は一本道の上に、えんとつや電信柱が倒れて居て、その下をくぐつたり、またいだりして行く時より困難であつた。しかし死人が居ないので大へん助かつた。

しかし神保町からは又行きと同じ道を通つてかへつた。水道橋邊まで來ると晝飯を食べなかつたため、大變腹がへつて來て、しまひには頭がいたくなつて來た。けれども自分でむすびを食べなかつたのが惡いのだと思つて辛抱して歩いてゐた。其中に又も腹がへつたと見えて「一つ元氣をつけるために菓子でも買ふ」と皆に言つて小さな菓子屋にはいり、えんどう豆と、しほせんべいを買つた。一番先に手を出したのは僕であつた。歩きながらぽり〳〵と食べてゐる内に、もう春日町もすぎて餌差町まで來た。これでやうやく元氣がついた。僕はまたどん〳〵歩き出した。

間もなく指ケ谷町まで來た。こゝから方々の電信柱に、今朝出かける時にはなかつた新しいはり紙がしてあつた。それは「各自宅に放火するものあり注意せよ」と書いてあつた。不思議に思ひながら歩いて行くと、向ふの方から二人の巡査に、両方からつかまへられながら、一人の朝鮮人が、血だらけになつて、つれられて行くのにあつた。そこで、はじめてこれは鮮人が東京をこの震災に乗じ全滅させようとしたのだとわかつた。家の前まで來て、家がどうもなつてゐなかつたので、はじめて安心した。それから社の人等とわかれて家へ入り夕飯もそこ〳〵又外へ出た。しかしまだ火事はやまない。昨日と同じ光景であつた。建物のこはれる音や、火薬石油タンクの爆發するのが物すごくドトオンとひゞき渡る。

僕は一日心配したり、安心したりしつゞけてゐた。今度は又火事より、鮮人の事でこはくなり、もし火をつけられたらといふ用心に、にげじたくをすつかりした。又自働車の運轉手の近江は、洋服で警視廳の棒を持ち家の外まはりを警戒し、小使の喜田はやはり棒を持つて内まはりを警戒して居た。皆ごはんをすますと、いつでも逃げられる樣に、にげ道を極め、兄や僕や弟は皆洋服を着、くつをはいて帽子をかぶつて外へ出た。その中に家の巡査の噌原さんが警視廳から歸つて來た。話によると、「不逞鮮人はどし〳〵檢束してゐますから御安心下さい。又今の火事は上野の伊藤松坂屋附近で御座いましてこの風の吹き方では、まあこちらへ來る事はございますまい」と言つた。だがだん〳〵鹽原さんが「まあこちらへ來ることはございますまい」と、あいまいに言つたのが氣にかゝつて仕方がない。少しでも南風になると一々心配してゐた。又こんどは鮮人より火事の方がこはくなつて來た。その中に家の親類である加藤さんが皆自働車でにげていらつしやつた。加藤さんは家では一ぺん火事であやふくなつたので、荷物を皆外へ出し、にげじたくをした。しかし火はやうやく家のそばまで來て止つた。そこで安心して出した荷物を家へ入れ、すつかりかたづけてしまつた火がその消えた跡へもえていき、鮮人が又火でもつけたのか、よく消えなかつたので風にあふられて再びもえ上つたのかして、もう二十軒位家からはなれた所までもえて來た。しかし荷物をかたづけてしまつたあとなので、荷物は少ししか出せずにげて來たのだ」とおつしやつた。僕は誠にお氣毒に思つた。その内にやはり親類である千駄木の岩佐さんも、火の子がどん〳〵くるので、たまりかねてにげていらつしやつた。「千駄木迄火のこが來て、もし火がついたら家も愈々あぶなくなる」と思つて、前よりも又もつと心配になつて來た。そこへ鹽原さんが見まはりにいつて又歸つて來た。その時の話では「もうこゝへ火はきつとございません。こゝはほんとの極樂でございます」と言つた。これにて安心した。

鹽原さんは又少し休んでから、方々見まはりに出かけ一時間ほどたつて歸つて來た。今度の話では「私の一番氣にかゝつて居りました所の伊藤松坂屋附近の火事は、松坂屋で止まりましたからどうかごあん心下さい」この言葉で初めて安心した。成程もう上野附近の方に見えてゐた煙は、すつかり見えなくなつてしまひました。加藤さんは大變失望なさつたが、しばらくして、おあきらめになつたと見え「ぢやもうどこでもかまはないから、ねかして下さい」とおつしやつた。そこで大廣間に加藤さんと皆さんと、岩橋さんとの皆さんと、兄と僕と弟との床をとり、やがて皆めいめいの床にはいつた。母だけは十疊にねた。又父は父の書齋のベットにねた。僕はすつかり安心したので昨日より、よくねむられた。

九月三日

朝目をさましましたのはもう九時頃だつた。

それから早速顔を洗ひ、朝飯をたべて交番へ自轉車で行き、巡査に今火事はどこにありますかと聞くと巡査は「私はよく知りませんがさつきの話によると、田端邊が焼けてゐるだけださうだ」とをしへて吳れた。僕はもう火事の事はすつかり安心した。後氣にのこるのは不逞鮮人のつかまへそこなつたやつである。でもそれはそんなに心配ではなかつた。その内に家の書生が自轉車で千駄木の岩橋さんの家を見に行つて歸つて來て「あの邊一たいはどうもありませんでした」と知らせた。それを聞いて岩橋さんは大變およろこびになつて朝のうちにお引き上げになつた。

加藤さんの家も三軒目まで火が來て、そこでやうやう止まつたと自働車の運轉手がお迎へに來たので、加藤さんのお喜びは大變なものであつた。やがて夕方加藤さんも自働車で無事にお引き上げになつた。

さてそれから僕は、兄と一しよに棒を手にして門の前に出た。書生の小山は、運轉手のかはり朝からやはり家の前に立つて警戒してゐた。小山と運轉手は、昨夜夜中おきどほしで家の內外を警戒してゐたので書聞はづつとねてゐた。

もう町でもずゐぶん嚴重に警戒してゐて、道のかど〳〵にちやんと非常線がはられて居た。僕は門の前にゐるのもあきたので、兄と一しよに非常線の所にいつて見た。見てゐると通る人でおこりつぽいものは「どこへおいでです」と聞くと

「そんなことはかまやしない」ともう、うでまくりをする。さうかと思ふとおとなしいものは

「それはなんです」

ときくと

「これはお辨當ですが見せませうか」と言つて中まであけて見せる人もある。又中には一々言ふのが面倒くさいので、行先など書いて、それを見せてあるく人もあつた。その中に日が暮れた。いそいで家へ歸つて夕飯をたべ又非常線のはつてある所へ行つて見た。まつくらになつて來た。ちやうちんや、ランプがともされた。

八時頃になると一人の青年團員が來て、巣鴨監獄を逃げ出したものが三十人一團となり方々をあらしに來るから用心しろと言つて行つてしまつた。又しばらくすると青年團員が一人「深川方面の鮮人が約七十名一團となつて小石川方面に向けて來たから、十七歳以上のものはその警戒の義務に當ること、これは警視廳からの命令です」とどなつて歩いてゐた。又何んだか鮮人の事がこはくなつて來た。その中に十七歳以上の者がボツ〳〵鐵砲や短刀などを持つて集まつて來た。もう十時頃になつたので兄が「もう濟ちやんねたらいゝだらう。起きてこんな所にゐるとあぶないから」と言つた。そこで僕急いで家へ歸り床に入つた。床にはいつてもまだなんとなくねむられなかつた。しばらくするうちにグッスリねてしまつた。

九月四日

今日はもう火事もすつかりやみ地震ももうさう大したのはこなくなつた。しかし不逞鮮人のうはさは益々ひどくなり、白山神社の井戸に女の鮮人が毒をいれたから各自宅の井戸を注意せよなぞと方々はり紙がしてある。昨日の鮮人襲來や、巣鴨監獄をやぶつてあれまはるといふ一團も何處へも來た様子がない。僕は「あんなことみなうはさ丈の事だ」と思ひすつかり安心してしまつた。

午後から又非常線のはつてある所へ行つて見た。あひかはらず町民が巡査にでもなつた様な顔をして、一々人の行先名等を聞いて居る。その中に無事に日は暮れた。

九月五日

今日から耋の警戒だけはとれた。

今日始めて新聞が出た。それを見ると、この地震のために東久邇宮師正王、閑院宮寛子女王、山階宮佐紀子女王の御三方が薨去になり、賀陽宮大妃殿下は御重傷を負はれたとも書いてあつた。僕は續く皇族の御不幸で誠におそれ多いことであると思つた。

九月七日

今日から家のお向ふの坂谷男爵邸が近衛歩兵第三聯隊第二大隊本部になり、これから兵隊が夜警をしてくれる事になつた。まだ時々余震がくる。

九月八日

さて大分家もおちつくと、今度は新聞に、「大磯は大變地震がひどく倒潰した家が澤山ある」と書いてあつたので、大磯にいらつしやるお祖父様、お祖母様の事が心配になり、汽車も大船まで通たつので小使の吉田を見舞にやつた。

九月十日

今日から三日間家で社の重な人をよんで、社の震災善後策の事について父がいろ〳〵とお話することになつた。

九月十一日

夜の七時頃大磯から吉田が歸つて來た。話によるとお祖父様お祖母様及女中方は全部無事であるが、只家の一部が五寸ばかり後へずり、又方々のあまもりが大變であるさうである。

九月十二日

今日から夜だけ水道が出ることになつた。今日で社の善後策の相談は終つた。父はしかし毎日朝から晩まで見舞客で、應接間にはいつたきりでまるでよそへ出掛けたやうである。

九月十五日

今日左官屋が來て呉れて、家の屋根の方々のかはらをずつたり、こはれたりした所をなほしてくれた。又今日れん瓦屋も來て、ふろ場のれん瓦のえんとつがをれたのでそれをつくりなをしてくれた。そこでもう家はあまもりがしなくなり、又ふろもわかせるやうになつた。

九月十七日

今日は馬淵先生が見舞に來て下さつた。

九月二十日

今日は一ぺん皆生きてゐるかをしらべるために十時までに學校へ集つた。川島君渡邊弘君にさそはれて、家を九時五分過ぎに出た。學校へ行くともう大勢集つてゐた。皆話合つてゐる事は震災のあつた當時の事ばかりであつた。

その中にかねがなり皆集つて講堂へはいつた。やがて主事先生が教壇にお立ちになり「皆無事であつてお目出度い」事です。しかし火事にあつて家をやかれた方は此所に集つてゐる皆さんの中には澤山あります。今「お目出度い」と云つた事はすぐ「お氣の毒」といふ言葉にかはつてしまひます。しかしわれ〳〵はかうしてこの世に生きのこつたのです。これから後われ〳〵は自分をよくをさめて、いきさへすれば必ず偉い人になれるのであります。又家の燒けなかつた人たちは、家を燒け出された可愛想な人々に、出來る丈親切にしてやらなくてはなりません。かういふ意味で少しでもいゝから、さう云ふやうに困つてゐる人にお金を上げたいと思ひます。有志の方だけはどうか學校の始まる日にもつて來て下さい。又中學に茗溪會といふ會があつて、こゝでも色々な着物傘くつ讀物等を困つてゐる人々に上げようと思つて、方々のお家からそれらを、きふしていたゞいてゐます。これも有志の方はやはり始まる日にこの小學へもつていたゞけば、これを集めて茗溪會へとゞけます」とおつしやつた。そして講堂訓話は終り一ぺん教室へもどり、又馬淵先生からいろ〳〵お話があつた。このお話でこの級で火事で家のやけた人は、渡邊厚君・千葉君・佐々木君・棟方君・高田君・居合君の六人であるといふ事がわかつた。それから解散した。

○地震

尋五　吉田三郎

ぐら〳〵〳〵ばたん〳〵「地震々々」といふこゑがきこえる。僕はすぐ机の下にもぐりこんだ。僕よりさきに、妹が、もうはいつてゐた。兄さんが、えんがはの所へかけていつたが、きふにとまつて、瓦のおちて來たのを見て「外へ出ていつてはいけない」といつて、茶の間にはいつて妹たちの上におほひかぶさつた。かべがばら〳〵おちる音がする。とだなの上から、ちやわんやびんが落ちて來てわれる。たんすがうごき出して前へ出て來る。きんこがうごき出した時は、僕はもう死ぬと思つて目をとぢました。すこしたつと、地震はやんだ。僕は目をあいて、机の下からはひ出した。女中たちは女中べやからやつて來た。庭には瓦が一ぱい落ちてゐた。僕等はよろ〳〵しながら、おほせつ間へいつた。女中たちはふとんをはこんで來た。皆で「どうせ死ぬなら一しよに死なう」といつてゐると、またぐら〳〵と來た。だん〳〵ひどくなつて來た。ゆれかたが大ぶんひどくなつて來た。木と木とすれあつて、ぎう〳〵音を立てる、やうやく地震もしづまつて、兄さんたちと僕は庭に下りて、かはらのとんでこないところへ、たゝみをはこんだ。僕も兄さんと一しよに、門外へ少し出た。前の家の人などは、家のへいのところに、たゝみを出してゐる。もうどつかで「火事だ〳〵」とさわいで居る。兄さんは田中先生のところへ見舞にいつて、その歸りにろうそくと野さいものとを買ひしめて來た。火事はだん〳〵ひどくなつて來た。きみのわるいあの入道雲は、だん〳〵ひろまつて來た。雲の下に黑煙がたゞよつてゐる。「もう富士野のところまで來た」と人々がいふので、たんすやびようぶをお倉にしまつた。だん〳〵くらくなつて來た。コーンビーフのくわんづめときやべつで夕はんをたべた。外にかやをつつてねた。僕と兄さんとは、まだすつかりきえぬ火事のやけあとを見にいつた。

二日の日の九時頃兄さんと僕と出かけた。大出の所を通つた時、安藤君にあつた。お茶の水の方へ向つて歩いた。馬がやけ死んでゐる。腹の中からちやらが露出してゐる。さういふのを二三度見た。女高師などはまるで見る影もない。神保町のところで、三人ばかり死人を見た。くさいのと氣持ちが悪いので、いそいで家へかへつた。家へかへつてひる飯をたべた。すこしたつと、遠藤さん（親類）のおぼつちやん（叔父さんの弟）きました。そして照子（妹）といつしよに遠藤さんへいつたら、つね子ちやん（いとこ）や重子ちやん（いとこ）がまつてゐて、大きなこゑを立てたので、かつこちやん（ふるい女中）にしかられた。

だん／＼くらくなつて來た。朝鮮人さわぎがはじまつた。僕はかるい木刀を持つた。こぼつちやん等は、鐵砲を持つたり、たん刀をさしたりしてゐる。ちやうちんをさげて、出ていつた。僕たちは芝ふの上に、かやをつつてねた。空はまつかである。外では「今、朝鮮人が三人つかまつた」とか「むかふの森へおひこめた」とか「けいかいたのむぞ」とか大きなこゑでいつてゐる。僕はとうとうねてしまつた。

朝起きると、英夫さん（兄さん）が、えゝちやんと（姉さん）と道子（妹）とをつれてきた。僕らはこれかへひなんするのである。まだきりのとれない中に汽車にのつた。

汽車はだん／＼うごき出した。つねこちやんや、しげこちやんは、汽車に乘つた時は、げんきがなかつたが、坂戸から自動車に乘つた頃から、元氣が出て、みんなはしようかをうたつた。

○鎌倉にて遭難　　尋五　中島誠一

あの日は朝から雨がふつてゐた。

いよ〳〵片瀬から家へかへらうと思つて、荷物は皆くゝつて、午後の三時四十五分の汽車を、家でまつてゐると、あの大地震にあひました。

雨がふらなければ、お晝ぐらゐの汽車で歸らうと思つてゐたのですが、雨がふつたので、こぶりになつてからにしようといふので、午後の汽車にしたのです。汽車にのつてからだと、大變だと思ひました。僕は親せきの人と、アイスクリームをのみにいつてゐて、地震にあひました。

今のみをはらうとしたとき、急にがた〳〵と地震が來たので、僕はすばやくにげだしました。けれども親せきの人は、小さい地しんだと思つて、ゆう〳〵としてゐましたので、きずを少しうけました。

にげると同時に、みり〳〵ぴしやんといつて、家のつぶれる音、またぽつ〳〵と地のゆれる音、いふにいはれぬ、ものすごさでした。

それから、すぐ家へかへると、家のそばのけや木の木に數十人とらまつてゐました。僕もとらまると、またがた〳〵とゆれ出しました。ゆりかへしが來たとばかりに、皆がかたくとらまつてしまひました。ゆりかへしが慇ると、どうじに「つなみだ〳〵」といふのでした。それから、みんなで一生けんめいで山にのぼりました。上にのぼつて、江の島の方を見ますと、さんばしはおつこつてしまつて、つなみがたかくなめてくるではありませんか。見てゐるうちにも、ときどきがた〳〵と云ふのでした。

横濱の方にも、火事の煙が見え、東京の方にも見え、鎌倉は、もちろん目に見えるところ火でした。もえる煙は四日入道雲となつて見えました。

こしごえの火事の煙で、お日様が眞赤になつてしまつた。ばんになつて地震が少しになつたので、家へかへりました。通り道の左右の家はつぶれたりまがつたり、完全な家は一軒もないし地はわれてゐる。僕のところでかりてゐる家は、少しまがつただけで、つぶれなかつた。

そのばん曾和さん(うちのお父さんのお店の人)がむかへに來てくれたので、一しよにひなんすることにした。

曾和さんの家の中では、といたをしいて、ふとんをしいて、かやをつつてありました。曾和さんの家の人も僕の家の人も、そこにねました。よく朝になると、曾和さんでは、テントでバラックをつくり始めました。ざしきは六疊です。毎日そこへ十八人ねました。その日の十二時頃大きいのがありました。その時も皆竹やぶににげました。

するとその晩また「つなみだつなみだ」といつて、皆がにげてくるではありませんか。それで又山にかけのぼりました。

のぼると「つなみは大丈夫だからおりよう」といふのでした。みんなでおりて督和さんの家にかへりました。朝起きると、くもつてゐて、なんだか雨がふりさうでした。豊から風がふいて雨がふつて來ました。雨がふつてゐたので、その日は地震があつても家にゐました。その次の日はお天氣でした。

朝になると、東京の人がずゐぶん來ましたので、たづねると一人の人は「東京はほとんど全滅で金杉から南千住までやけの原になつてしまひました」といひました。

こんど來た人に、僕の家の方をきゝますと、「小石川は砲兵工しようがばくはつして、むろんだめです」といひました。こんどの人は、「山の手は皆大丈夫です。たゞ朝鮮人がばくだんをなげるので、きけんです」といひました。それでにもつはくゝつておいて、汽車がかいつうになつたらおくることにし、僕らは東京へかへることにしました。

九日の午前六時に、片瀬の家を出て、東海道を家へかへりました。

片瀬より藤澤まで

片瀬はあんまりひどくはなかつたが、ふぢ澤のひどいのにはおどろいた。立つてゐる家は一軒もなく、ひろい道は、家がつぶれて三分の一もない。またぢわれのずゐぶんひどいところもある。

藤澤より戸塚迄

藤澤と戸塚の間は馬車があつたのでそれにのりました。馬車といつても、馬力の馬車で、がたん／＼しておしりがいたいのです。戸塚の入口につくと、松のねこぎになつたのがたくさんありました。いよ／＼戸塚の町につくと、これは又藤澤よりひどいのにおどろきました。一軒もつぶれない家はなく、地面のところどころは、へこんでゐて、そこから水がでてゐました。

戸塚より程ケ谷迄

やはり程ケ谷もひどかつたと見えて、地われはありましたけれど、家のつぶれたのは五六軒しかありませんでした。まがつた家は大分ありました。

程ケ谷より横濱まで

程ケ谷と横濱との間で、お晝をつかひ、いよ〳〵横濱にはいりました。横濱の高いところから下を見ると、ずつとやけの原になつたのにおどろきました。それから東神奈川までいきますと、またずつと燒けてゐましたが、僕の家の親せきの家は、たすかりました。すぐ下までやけてゐるので、ずゐぶんあぶないところでした。そのばんはそこでやつかいになることにしました。

よく朝、また早くでて、今日の中に東京までいくかくごでいそぎました。

東神奈川より泉岳寺まで

東神奈川から、ばりきがあつたので、「どこまでいきますか」きつと「泉岳寺までいく」といふので、それにのりました。四時間のりとほして泉岳寺前につきました。僕はさすが東京だと思ひました。どうしてかと云ふと、電車がとほつてゐるし、水道もあるのですから。

泉岳寺から小石川の家まで

泉岳寺より又馬車にのつて上野廣小路まで行きました。ずつとやけあとをとほつて行きましたが、三越、相互館、村井だのの建物はのこつてゐますがなかはからんどでした。丸善のひどいのにはおどろきました。いとうまつざかやはもんだけしか、のこつてゐませんでした。そこからほんごちをとほつて、家にかへると、でんとうもつき、すゐ道もでるのでした。僕はほんとに、ごくらくへでも來たやうなきもちがして、そのばんはつかれたのでよくねられた。

地震の數

九月一日

初シンより午後六時まで百七十一回以上。六時より九時半迄五十一回

同二日

零時より午前六時まで五十三回。六時より正午迄八十一回。正午より午後六時迄八十六回。六時より十二時迄百二回。

同三日

零時より午前六時まで六十四回。午前六時より正午まで三十六回。正午より午後六時迄四十二回。午後六時より十二時迄三十九回。

同四日

零時より午後六時まで三十六回。六時より正午まで五十六回正。午より午後六時迄六十四回。六時より十二時迄五十二回。

同五日＝百四十八回。
同六日＝七十六回。
同七日＝四十五回。
同八日＝六十六回。
同九日＝四十二回。
同十日＝三十二回。
同十一日＝正午まで十九回。
地震がゆれだしたのは午前十一時五十時分と新聞にかいてあつた。

○大地震

尋五　出科妊

長い夏休も過ぎて、たのしい第二學期を始めようとした九月一日、始業式もすんでお家へかへり、おひるごはんをいたゞく時のことでした。

「がた〳〵」「ほら地震だ！」といふので、私はおねえさんと一しよに、はだしで庭へ飛び出しきました。

そのうちだん／＼ゆれはじめて、家もひつくりかへらんばかりに動き出しました。近所の家のかはらが、がら／＼とおちはじめました。

その時どこからか、ずゐ分ほこりが來ました。お母さんが私たちに

「ほら、あんなにほこりが來る。きつとどこかの家がつぶれたのかも知れない」

と、おつしやいました。

やつと地震がをさまつたので、家には入つて見ると、さあたいへん、かべが落ちたので、ぢやり／＼であるけませんでした。

お母さんが

「さつきのほこりは、家のかべが落ちたからあんなに來たのかも知れない」

とおつしやいました　するとおねえさんは

「さうかもしれないわ。家がつぶれたんなら、ミシ／＼とか何とか音がしなきやならないけどなんとも音はしなかつたわ」

と、いつて笑ひました。

そのうちに又ゆれはじめたので、いそいで又庭にとび出しました。私はもう家にはいるのがこはくてくたまりませんでした。それでござや椅子を庭に出して、そこにおねえさんとおとうとゝ、いつしよにゐました。おねえさんが

「てる子さんをよんでこない」

といつたので、私はおねえさんと一しよに、よびに行きました。

「二時四十分に又大地震がくるからちゆういしろ」

と、どこかの男の人が言つていきました。私たちは、どんな大地震が來るのかと思ふと、じつとしてはゐられないくらゐでした。

まもなくてる子さんが來たので、家の庭に一しよにゐました。すると、おねえさんがてる子さんに

「二時四十分に大地震がくるんですつて」

と言ひますと、てる子さんは

「あら、こはい。あたしどうしたらいゝのかしら。おこうさん、ちよつとまつてゝね。今あたしふ

「どんを持つてくるわ」と青い顔をして、かけだしてふとんをとりに行きました。

家でも女中が、大ぶとんやつくゑを出してゐました。そしていざといふ時には、つくゑの下にもぐりこむ人と、ふとんをかぶる人とにちやんときめました。

まもなくてる子さんが、ふとんをもつておとうと一しよに來ました。その時は二時半でした。

私たちはもうこはくて〳〵たまりませんでした。それにおとうさんから

「地震がくると地われがする」

などときいてゐますから、なほさらこはうございました。

そのうちに二時四十分になりました。

てる子さんはふとんをかぶるよういをして

「なむあみだぶつ〳〵」

といつておがんでゐました。

その時でした。「がたん」ときました。

もう私とてる子さんは、ふとんの中にもぐりこみました。

でも大地震でもなんでもありません。たゞ「がたん」と來ただけでした。おねえさんが
「おとうさんはかへれるかしら」

と、しんぱいさうなかほをしていひました。その時はじめておとうさんのことに氣がついてしんぱいになりました。それで私はおとうと〻一しよに、おもてで、おとうさんのかへるのを待つてゐました。

まもなくおとうさんが歸つていらつしやつたので、みんなは安心しました。するとお父さんが、くわんづめをかつて來て、「はやくごはんにしろ」

といつたので、私たちは、こは〲家にはいつて、ごはんをたべました。そのばんは「おもてにねろ」といふので、おもてにござをしいて、そこでよあかしをすることにしました。

おねえさんは、宮越さんの家の庭で、ひで子さんたちと、一つしよにゐました。

私はねむくて〱たまりませんでしたけれど、火事で空が赤くなつてゐるので、こはくてどうしてもねむれませんでした。とう〱ねてはおき、おきてはねして、夜をあかしました。そのあひだ、私はたび〱おねえさんのゐるところにいつて見ました。おねえさんは、き色なちやん〱をき

て、ひで子さんとござの上にすわつてゐました。私はそのかつこうがをかしいので、思はずふき出してしまひました。

その時ひで子さんが、

「本所深川ぜんめつなんですつて」

といひましたので、おねえさんは

「叔母さんたち、どこへにげたかしら」

と、しんぱいしはじめました。

それから私は、ねえさんとひで子さんと一しよに、丸山町のでんしや通にいつて見ました。

電車通はずゐ分たいへんでした。

そこからぐるつとまはつて、家にかへりました。

その時私が、さむさんに

「電車通大いへんね」

といひましたら

「さうだらう。ぼく、昨日の夜なか、かご町の方にいつて、電車にいたづらしたんだよ。電車の中に人がずゐぶんねてゐたよ。そしてしやしやうだいに行つて、ちん〳〵つてならしちやつたら、ねてゐた人が、『たれだ〳〵。やかましい』といつてゐるのさ。ぼくいそいでにげて來ちやつた。ずゐ分こつけいだつたよ」

などいひました。

私は家にはいつて、ごはんをたべてから、又、そとに出てあそびました。

その日はあんまり地震はありませんでしたけれど、今度は朝鮮人でずゐ分さわぎました。

「ほら、朝鮮人がにげたからおつかけろ」なんていつて、朝から晩まで、棒を持つて、あつちへおつかけたり、こつちへおつかけたりしてゐます。その夜はひつきりなしに棒を持つた人が通りました。

その次の日、お父さんは、深川の親類の人をさがしに行きました。けれど橋がないので、とうとうそのまゝで歸つて來ました。この日も朝鮮人さわぎで、ずゐ分大へんでした。その夜もおもてにねました。

夜中ごろ雨がふつて來たので、私はお母さんにおこされました。その時はずゐ分大變でした。

「女の朝鮮人がにげた」といつて棒を持つておほぜいかけ出て行きました。私はその時もこはうございました。こはいにはこはいけど、雨がふつて來たので、しかたなしに家にはいつてねました。

その次の日お父さんは、又しんるゐの人をさがしに行きました。その時は千葉ににげてゐるといふことが分りましたので、みんなは安心しました。

その日の晝頃、ひで子さんのお母さんが

「朝鮮人が子供をころすんだつて」

と言ひました。もう私の胸はどき／＼してしまひました。

火事はとまつたといふので安心しましたが、まだ朝鮮人がこはうございました。

その日から夜けいをすることになりました。それで毎日／＼近じよの人が、夜けいをしてゐました。

十一日の日、しんるゐの叔父さんが、大根をたくさんもつて來てくれました。その日とまつて行けばいゝのに、かへつてしまひました。

その次の日の十二日の夜、十一時に赤ちゃんが生れました。男だといふので私はうれしうございました。

その次の日叔母さんがいらつしやつたので、きふに家がにぎやかになりました。

朝鮮人はもうゐないのか、あんまりさわぎませんでした。

それからは日に／＼しづかになりました。

○ 震災後三日間

尋五　長岡カヨ

一日

私は、あの九月一日の朝、何もしらないで學校に行つた。

家にかへつて見ると、お母さんと、中のおにいさんと、小さいお兄さんがいらつしやらないから、大きいお兄さんに聞いて見たら、「びようゐんにいらつしやつた」とのことでした。お兄様はとほから、駿河臺の杏雲堂へ入院してゐたのです。それで、今日はお母様のかはりに、をばさんが來ていらつしやつた。

それから少したつて、をばさんと二人で、ごはんを食べてゐますと、あの地震。すぐお父さんのねいつてゐらつしやる部屋に行つて、みんなくつついてゐましたら、お兄さんが、たんす、テーブル、オルガン等を持つて來て、みんなのまはりにおいて下さいました。それで、私たちは、みんなテーブルの下にはいつて、小さくなりました。

一度目の大きいのがをさまつてから、おにいさんが、お父さんをおぶつて、私たちは、はり板、かさ、いす、ぶだうしゆ等を持つて外に出ました。外へ出て見ると、もう近所の人たちも、みんな出てゐました。

外でおとうさんを椅子に腰かけさして、かさをさして、みんなかたまりました。

間もなく、近くの原に行きました　そしてはり板をしいて、家から、ふとん、七りん、お釜、ちやわん、おはし、玉子等を持つて來て、そこでごはんをたいて、夕飯をたべた。其夜は、みんなで大事なものを持つて來て、かやをつつて野宿をしました

あたりがくらくなると、向ふの空が眞赤になつて、すごいやうでした

二日

朝起きて見ると、近所の人たちも、野宿をして居ました。

家の人たちがみんな起きて來ましたので、ばけつを持つて、井戸のある家から水をもらつて來て、それでかほをあらつたり、おちやわんをあらつたりしました。

お晝には、おにぎりを食べました、お父さんだけおかゆに玉子でした。

お晝すぎになると、日があたつて來て、あつくてたまりませんですから、をばさんにテントを買つて來てもらひました　それで、場所をかへ、テントをはらうとして、木を買つて來て、はしらを立てようとしたら、どつかの知らない大工さんが

「兩方の家で、はしらを四本づゝ立てるよりか、おたがひで二軒背中合せにした方がとくですから、一しよにしませう」といつて、二本のはしらを立てゝ、其の兩方に又少しみじかいのを二本づゝ、立てゝくれました。

大工さんの方はトタン屋根、私の方はテントを屋根にしました。

そこで少し休んでゐますと

「今夜の十二時すぎに地震がある」

と、みんなよその人たちがいつてゐましたから、をばさんにさう言つて見ましたら
「大丈夫だから安心なさい」
とおつしやいました。その夜
「お父さんたちは、明日行くから、お前と女中とですがもに行きなさい」
と、お兄さんがおつしやつたから、女中と二人で、すがもの親類に行きました、行く途中電車道に、人が一ぱいむしろをしいてすわつてゐて、兩がはをきへいが通つてゐました。
行つて見ると、親類の家では、「お庭に朝鮮人がはいつたと言つて、人が一ぱいぼうをもつてさがしてゐました。
その中みんな出て行つてしまひましたから、家にはいつてねてました。

三日

朝、目をさまして見ると、もうみんな起きてゐた。夜警に出た人だけが、一人ねてゐました。かほをあらつて、庭に出てゐましたら、西洋館のおざしきの方で、お母さんの聲がしました。行つて見ると、お母さんとお兄さんたちが、びやうゐんから、火に追はれて、避難して來ていらつし

やいました。それまで私はちつとも知りませんでした。

その中にお父さんが人力に乘つていらつしやいました。

すがもでも大塚でも、やつぱり朝鮮人さわぎでした。

今でも原を見ると、あの時が頭にうかんでこはくなります。

○ 大地震とひなん民

尋五　長田笑

長い間の夏休みもすんで、今日は九月一日、朝早くから學校へ行きました。

式がすんで、私は友達と一緒にお家へ歸りました。

家に歸つてから、叔父さんと私と、前の家に遊びに行きました。私が本を讀んでゐますと、がた〳〵〳〵と地しんがきました。

私は本も何も皆すてゝ外へとび出ようとして行きますと、叔父さんが「外へ出るとあぶない」といひますから、私は叔父さんにつかまつてゐました。かはらの落ちる音や、かべの落ちる音がします。かはらはわれる。せともの は落ちてこはれる。ちやこちやんは泣く。武ちやんも泣く。私は青くなつてゐました。をばさんはちやこちやんをだいて、外へとびでました。をばさんは「外へ出るとあぶないですよ」といひました。正ちやんは、靑い顏をして、やつぱり叔父さんにつかまりました。そのうちに地しんはやみました。

私は大いそぎで、うちへかへつて見ました。ぶつだんはたなからおちるし、コツプはわれるし、それは大さわぎでした。

みつちやんは、次郎叔父さんとコスモスをなほしてゐたら、地しんがやつてきて、コスモスは根がぬけてしまつたさうです。みつちやんはころんださうです、。ゆりかへしがきました。私は、にはのコスモスのあるところにゐました。「二時四十五分に又地しんがありますから」と靑年が、大きな聲でいひました。私は、又あるのかと思つて、びく〳〵としました。まだおひるごはんをたべませんからいそいでたべました。それから大じな物を手にもつて、うらの原へにげました。飯塚さんも來てゐました。

むかふの空はまるで入道雲ばがりのやうでした。

そのうちにじようきぽんぷのゆく音がしましたが、水はもう、とまつてゐました、なしやぶどうをたべて、皆と地しんの話をしました。それから何べん〳〵もゆりかへしがありました。たいがいの時は外へ出ました。夜はさいとうさん、寺田さんのお家の人たちみんな家へきました。「神田が焼けた銀座が焼けた」などと、皆いつてゐました。空はまつかでした。私はそれを見ると、どうしてもねむれませんでした。

二日も地しんがたくさんありました。家のしんるゐは、家もつぶれず、火事にもあはないでゐるさうです。寺田さんの家の人たちは、それから家でごはんを、たべてゐました。ゆり子さんが「電車通りに、いつてごらんなさい、ひなん者で一ぱいよ」といひました、私もいつてみますと、みんな青い顔をして、いそいで通つてゆきました。中には小さい小供がゐました。ふみ子さんは「あの人たち火事でやけたの」といひました。「えゝほんたうにおきのどくだわね」と私はいひました。

私はことに、小さい子供の、つかれたやうなかほをみて「あゝあの子供はうちもやけたかな」と思ふと、お氣のどくでたまりませんでした。

水が出ないので、井戸のあるお家へ水をいたゞきにいきました。出科さんの家でも、外へござをしいてすわつてゐました。二日の晩から不ていせんじんさわぎで大へんでした。家の叔父さんたちは、まいばんやけいでした。私たちもいつて見ました、なはをはつておいて、いちく通る人をしらべました。その中には自働車や自てん車などで、しらべられたのもあります。しなものまでもしらべました。

中にらうそくを買つて來た人や、お菓子を病人にもつてゆく人や、それはくたくさんな人でした。女の人でにぐるまの、あと押をしてゐたものもありました。女學生で冬のかたかけや、本をしよつて行くものもありました。それが十六日頃までもつゞきました。家の叔父さんだちは、夜もよくねませんでした。

○大震災記

尋五　小林正夫

大正十二年九月一日、學校から式をすまして家へ歸つた。この日はむし暑い日で、朝に大變つよい雨があつたが、それから後はどんよりした日であつた。下着だけになつて、お藏の二階へ本をさがしに上つてゐた。すると、みちくと音がしたので、「

おやつ」と思ふと同時に、ゆさ〳〵、がた〳〵とゆれて來た。僕は「地震だ！」と言つてむちゆうではしごをすべるやうに走り下りた。

外へ出ようとしたが足がよち〳〵して歩けない。やつとろうかへ出ると大變だ、薬局棚はひつくりかへつて、薬びんが六疊へいつぱいわれてゐる。かべは落ち、戸しやうじははづれて、めちや〳〵。その上を女中と一しよにとび出した。

お父さまやお母さまはまだ出てゐない。僕は

「お父樣！お母樣！」

とおほ聲でよんだ。

お父樣は弟をだいて、お母樣は妹たちをつれて、やつととび出して來られた。もうその時は人が一ぱい道に出てゐた。

向ふのお不動樣の家は、道路へたふれてゐた。地震はあとから後からゆれて來る。けが人がたくさん血を流して飛んで來る。その中に日本橋、神保町、丸の内の三ケ所から、火事がはじまつた。それでも風向はまだよい。皆餘震を心配して

「火事は大丈夫だ」
と言つてゐた。
その時分、病家から人がきて「急病だ」といつて、お父樣を自動車でつれていつてしまつた。すると間もなく風が變つて、家がだん〳〵あぶなくなつて來る。內務省の火で近所に飛火がして來た。さあ大變だ。みんなあはてゝぞろ〳〵逃げ出した。僕らも
「お母樣、にげませう〳〵」
と言つた。お母樣が
「あはてるとけがをするから、それぞれ杖の代りにかうもり傘をお持ちなさい。大事なものはお祖父樣のおゐはいとお父樣のお免狀だから」
とおつしやつたので、それだけを持つて逃げようとしたけれ共、まだお父樣はかへらない。心配でたまらないが、火はだん〳〵ひろがる。逃げ道がなくなると大變だから、お家のことはあきらめて、毎朝お父樣の拜んでいらつしやるお不動樣を荷物の上へ上げて、お母樣と二人でお父樣の無事を祈りながら、すみなれたお家をおいて、はなれぬやうに手を引き合つて出た。書生の一人は、人力車

へ夜具をつんで、僕らの後へついた。今一人の書生は、お父様を待つことにした。

それからやうやく神田橋へ出ると、そばの內務省はやけ落ち、かどの稅務署がさかんに燒けてゐた。

やつとのことで錦町へ出ると、荷物や人が一ぱいで、一足も前へ出ることが出來ない。此所で書生だけは一度家へ引きかへすことにした。すると、すぐそばへ火がついたので、又其所を逃げ出さねばならなくなつた。

おされ〳〵、足をふまれ、頭をぶたれ、やう〳〵一つ橋を渡りかけた。こゝでは人も馬も荷物も一しよになつてしまつた。僕はこゝできつと死んだ人があると思つた。

やうやく逃れて竹橋の文部省の前へ來た。「こゝならばまあ大丈夫」と休んでゐた。だん〳〵暗くなるにつれて、火が眞赤になつて來た。僕はつかれて怖ろしい火の下にゐるのも知らずにねてしまつた。

ふと目がさめた。ちやうど其の時、お姉さん達が「書生がゐた」といつて、よろこんでかけて來た所であつた。僕もその時はほんとにうれしかつた。けれども、まだお父様が歸つていらつしやらないといふので、心配でたまらなかつた。見れば、火はます／＼大きくなつてくる。神保町の方の火もだん／＼僕らの方へもえて來る。

みんなで心配してゐると、文部省にも急に火がついたので、弟には書生の軍服をきせて書生におぶせ、妹には書生の洋服を着せて書生におぶせて逃げるしたくをした。そこにゐたたくさんの人達はみな騷ぎ出した。

急いで竹橋をわたりかゝつたが橋が小さい上に、人が多いので、なか／＼行くことが出來ない。後からは火が盛んにもえて來る。熱くて／＼たまらない。やつとのことで竹橋を渡り二聯隊の前まで來た。

こゝで又身じたくをとゝのへて、笹塚へ行くことにした。その途中九段の方の火が大變な勢でもえてゐた。火の子が飛んで來るので傘でよけながらお母樣のつゑになつて半藏門から長い／＼電車通を歩いて新宿御苑のそばまで來ると、又こゝでももえてゐた。それから追分まで來るともうつかれてしまつて、とう／＼こゝで野宿した。

二日の朝になつたが、まだお父樣の安否が分らない。市中の空は白い入道雲で一ぱいになつてゐ

る。僕らは心配でたまらなくなつて笹塚の叔父様のお家へ行つて
「お父さまは？」

と聞いた。まだ來ていらつしやらないといふので、みんながつかりして、それから書生をやつて、中野の齋藤さんのお家をたづねさした。

お晝過ぎになつたら、お父様も僕らをさがして、齋藤さんのお家に來ていらつしやることがわかり、これで家の人たちは、皆無事なことを知ると、僕はうれしさにたまりかねて、すぐさま車で齋藤さんの家へかけつけた。お父様は心配してずる分やせていらつしやつた。

もう日がくれた。電氣がつかず、ろうそくのあかりでげんまいのにぎりめしを食べた。

まだ時々強い餘震があるため、外にかやをつつて野宿した。

東京の空は眞赤に天をこがしてゐる。

三日の朝になつた。僕はお父様とお家の焼け跡を見に行つた。一日の晩に通つた一つ橋も神田橋も焼け落ちてゐた。川には死人がたくさんういてゐた。僕はほんたうにかはいさうな人達だと思つた。お家の焼け跡へ行つて見ると、もうかげもかたちもない…………………

この晩からふてい鮮人のために、さわぎが大きくなつて、毎晩ねむれない。

それに食物もだん〳〵へつて來るため、玄米ばかり食べた。

しかし、ひふくしようの死人のことを思へば、この位のことは何でもないと思つた。その中にだん〳〵いろんなうはさが立つた。そのうはさの中にはこんな話もあつた。

「或るお母様は子供とはなれて死んだと思つてたところが、ふとしたことで子供にあつて、あまりのうれしさに氣ちがひになり、そこにあつた瓦で、生きてゐた子供をたゝき殺した。」と。

しかし、日がおちつくにしたがつて、僕等をびつくりさせたのは、何といつても、米國からの同情である。

救護班ではたくさんの人が見え、食糧品などをも、山ほどおくつてきた米國のあつい同情には、僕らは皆深く感謝した。今でも、米國人を見ると、どの米國人でもけだかい人のやうに思ふ。

○　恐しき二日の夜

尋五　坪谷正二

九月二日の晩は大ていどこの家でも表や庭へ小さな家を作つてねようとしてゐる、その時であつた。ちやうちんをもつた夜廻りが四五人表をとほりかゝると皆が「ごくろうさまごくろうさま」といふ。

夜廻りは「いや」といひながらすぎ去つてしまふ。十五六分もたつたらうかお母さんがとつぜん「せき油臭い」とおどなりになつた。僕はびつくりして表へ出た。そして僕もおなじやうに「石油臭い」とどなると夜廻りがどやどやと十人ばかり家の中へはいつて來た。するととなりの方で坪谷さんが火事ですよとどなつた。さあ大へんみんなは荷物をかついで逃げる仕度をして表へ出た。夜廻の人たちが家の中を見なさいといふので見たが何んにもない。せき油のにほひはいよ〳〵強くなるばかりである。もうたまらなくなつてまた僕はむちやくちやな聲を出して「せき油臭い」とどなるとまたとなりの方で坪谷さんが火事ですよといふので皆は一かたまりになつてゐた。その内に僕はねむけがさしてきたので小屋へかへつて來てねた。明くる朝起きると昨日の原因はなにかと思つてそこらをさがして見ると西洋紙でせき油のついたのが二三枚落ちてゐたが、しかしそれがほんとの原因だかまだよくわからない。(十月八日)

○こはかつた二日の夜

尋五　幸田三樹男

昨日からもえつづけてゐる火は　きえさうもなくかへつて勢がよくなつたが、空はいよ〳〵赤くなつてくる。それに風向きがわるいからとても此所はだめらしい。僕等はしぶやのあねの家ににげようと父にねがつたが父はどうしても相手にならない。

いく度言つても「この大勢のうちの者がどうして無事ににげられるものか、それより生木はもえないから前の森に居た方が安全だ」とおつしやるのである

七時頃少しばかりの荷物をもつて前の森に行つた。此所は三萬坪ばかりの松林であるが、松や杉は生木でもよくもえるといふことを女中から聞いてゐた。僕はもうこゝで死ぬのだとかくごした。かくごはしてもやつぱりこはい。こはい〳〵と思つてゐるうちにうと〳〵とねむつてしまつた。

ふつと目があいた。あたりは何んとなくざはついてゐる。

荷物を車につんだりしよつたりして、森を出て行く人がぞろ〳〵と僕の前を通る。こゝもあぶないと思つて外の所へにげるのであらう。母に「前を通る人は何所へ行くのでせう」ときくと「根津

方面の人が火がをさまりかけたから自分の家へかへるのでせう」とおつしやつた。そして又「もう風がよわつたから火は大丈夫よ。安心しておやすみなさい」とおつしやつた。からだをおこすとごーつと木がうなつた。そして氣持のよい風がすーつと顔をなでた。たしかに北風だ。うれしいほんとに風向がかはつたのだ。うれしい〳〵と思つて横になつた。そして安心してねた。あくるあさいつものやうに勢よくのぼる朝日をおがんだ時にはほんとに〳〵せい〳〵した。

○ああせんりつすべき日

尋五　半田成一郎

大正十二年九月一日午前十二時三分前がグラグラとあのおそるべき大地震はやつて來た。それ！と家中の者は茶の間に集まつた。

するとガラ〳〵グラ〳〵メリ〳〵ドンバタンと耳もさけるばかりのおとを聞いた時は、生きてゐる氣持はしなかつた。しばらくするとやんだので表へ飛び出した。そしてむしろをもつて來てしいたり、いすをもつてきたり、いりようきかいを出したりしてゐた。するとまたもやグラ〳〵とやつて來た。

さうすると表にゐた人たちは、「まんざいらく〳〵」といふ人もあれば「なむあみだぶつ」といふ人もある。その内に地震がやんだのでまづ安心といつてゐると後から〳〵けが人がぞく〳〵くる。

するとはるか藏前の方にあたつてもう〳〵と火の手があがつた

「そら火事だ」といふこゑがおこる。

それより後方に火の手はあがつた。

午後十時頃僕等は上野に向つて出た。

これが我家の見をさめだとはしらずに！……

○九月一日　　　尋五　武光正一

夏休みで眞黑になつた皆は大げんきで學校へ集り、式がすんで明日からいよ〳〵始まるぞといそいで家へかへつた。すると間もなくあの恐ろしい大地震が、がた〳〵〳〵とやつて來た。僕はちやうど飯はすんで座敷にゐたので皆やつて來た。だん〳〵ひどくなつて來たので父が「そら出ろ」と言ふがはやいかぽんととんで庭へ出た。出てもひどく立つてゐられないので、しゆろの木にしつかりだきついてゐた。僕はその時地ではさまつて死ぬのかなと思つてゐたが、そのうち大ぶんをさまつて來たので、安心してふとふりかへつて見れば、瓦が澤山落ちてゐた。瓦が屋根から落ちるのだからかなりひどい音がしたはずだが、それもしらなかつた。よく〳〵見るとえんがははすこしさがり、中へは入つて行くとかべは落ち台所の方はまるでまがつて居た。

やがて一時頃になると、ものすごい入道雲が出て、四方八方から發火してだん〳〵ひろがつてゆく。近所では「やあ今傳道院が燒けてゐる」とか「今日のなんじからなんじまでに強震がある」とか言つてさわいでゐる。出て見ると前の中山君の家の門は、ぱつたり倒れ瓦はめちやくちやになつてゐた。黑烟は空をおほふて人々はにげじたくをしてゐる。僕の家でも荷作りをして、えんがはにもう布を敷き夜のやういをしてゐた。しだいに暗くなつてくると、實は眞赤でねようにもねられず、びく〳〵して一夜を明した。

（十月十日）

○二日の晩

等五　吉田信邦

とん〳〵と戸をたゝく音、戸を開けば青年の服に身をつゝんだ一青年。彼は言うた「今夜は鮮人が爆だんを家々になげこんだり、つけ火をしたりすると云ふ風說がございますから、どうぞ其つもりで居て下さい」と。僕の胸先はわき立つた。僕は思つた。「不てい鮮人等は此の邊に攝政の宮殿下のましします赤坂り宮齋藤朝鮮總とくの居る家等があるのでねらつて居るのであらう」と。かういふ時には隣とも一しようになつて逃げた方が安全であると思つて、隣の家と奥の家と一しよに、學習院の二等運動場に逃げた。此所には避難して居る人がすくなく、又場所が廣く地面が大丈夫なので避難所に適當してゐる。

はるか北東の空を見れば、眞赤にそまつて其のおそろしさが想ぞうされる。おう、おそろしいことだ。間もなく靑年團の團長とも見るべき一人、大聲上げて問ふに「萬が一、學習院に火の手が上つたならば日比谷公園にお逃げ下さい」と。しばらくして寢てしまつた。

鮮人がつかまつたと云ふこゑに目がさめた。見ると數人の警官がちようちんや、くわい中電燈を持ち、何んとなくうすきみ悪い心持になる。間もなく「ゐた〳〵」と云ふ一警官の聲、はせよせる人々。後のことはゆめのうち。あゝおそろしかつたあの一夜。之こそ多年の思ひ出となる事であらう。

○ 大地震と大火事

第五　馬場英夫

僕とお兄様とお母様とお父様とみんなでごはんを食べはじめますと、ごと〳〵〳〵〳〵と小さい地震が來ました。さうすると、お兄様が「ほら地震」と言ひました。そのうちにごと〳〵〳〵〳〵と大きな地震が來ました。僕とお兄様は大急ぎで庭へ出ました。さうして早くお母様やお父様をよびました。お父様はかへつて外へ出てはあぶないから家に居るがいゝと言つてをりましたが、そのうちにお父様もお母様もみんなおりていらつしやいました。庭へ出てもまだからだがゆら〳〵ゆれました。そのうちに方々で半しようをうちますので「お父様どつか火事ですよ」と、僕がいひますとお父様は「うそだよ」、「だつてはんしようがなつてゐるではありませんか」と、僕が言ひますと、お父様はのんきな顔で「だいじようぶだ」といつていらつしやいます。僕はこはくてたまりません。そのうちに又地震が來ました。さうすると「たいようの光がちや色になつた」とお母様がおつしやいました。さうするとお父様は「これはふん火のけむりだ」とおつしやいました。僕はこはくてたまりません。さうして少し立つとどつかで、どん〳〵と音がします。すると下の方でどん〳〵とひゞきます。がた〳〵と又ゆれはじめました。ゆれるたびにびく〳〵します。その中にみんなが「火事だ」と言ひます。僕はどこがやけてゐるのかと聞きますと「今は本郷の帝國大學と警視廳がやけてゐる。今ていげきにうつる所です」といひました。「そのほかやけてゐないの」ときくと「うん」と言ひました。「三越はやけてゐないの」ときくと「三越なんかはもうとつくにやけたのださうだ」と友だちが言ひました。「お父様だいぢやうぶですか」と。するとお父様はへいきでだいぢやうぶだとおつしやいました。ちようど僕が右を向いたらその方にくもみたいなけむりが上つてゐます。僕はお母様に「あの雲をごらんなさい」と言ふとお母様は「あれは雲ではありません、あれは火事のけむりですよ」とおつしやいました。僕は其の時おどろきました。僕は又「お母様だいぢやうぶ」ときくと、お母様は「どうだか！」といつていらつしやいました。さうすると巣鴨けいさつが火事だと外でいひましたから、うちの人は「それでは大へんだ。早くようゐをしなければだめです」といつてみんなにもつをせおひました。さうすると巣鴨けいさつの火事は、うそだとみんなが言ひますから、家の人たちは一先づ安心しました。

そのうちにくらくなりましたからお庭にござをしいてその上にふとんをしいてねました。ねどこへはいりましたけれどもそのばんはちつともねられませんでした。

○大震災

尋五　明石孝

第一日

九月一日、學校の始業式をすましで家へ歸ると、大森の祖母さんが來て居たので嬉しく遊び、十一時頃樂しく食事をすました。終頃にがたがたと音がしたので「おや地震だ」と言ふ中にひどい音で動いたので、びつくりして長持のそばへかたまりました。瓦の落ちる音や、二階のはしごだんがぎしぎしいふ音がこはくて、どうなる事かと、みんな青い顏をして震へて居ました。其の中に少し靜かになつたので、今度は庭の松の木の根に逃げました。次のゆり返しが來て松の木がぐらぐら動きましたが、太い木だから大丈夫だと言つて、かぢりついてゐました。よいあんばいに家もつぶれないでよかつたと安心して居りますと、伯父さんがいらつしやつて「あゝそこにゐれば大丈夫だ」とおつしやつてお歸りになりました。それからいく度も、餘震が來るのでこはくて家へはいれません。少し落ちつくとお父さんの事が心配になりましたが、三時頃お役所から歩いて汗びつしよりでお歸りになつたので、みんな嬉し涙が出ました。そしてお互ひにこはかつた事を話し合ひました。警視廳と帝大と神保町とか燒けてゐたさうです。さつきから雪の塊のやうな怪しい雲が見えてゐたのはその火事の煙だつたのでせう。

夕方になつても電氣がつかないので、ローソクをつけて庭で食事をしましたが、何んだかこはくておいしくありませんでした。火は益々ひどくなつて、空が一面眞赤でした。九時頃、神保町の叔父さんが逃げて來ました。僕と弟は雨戸を開けた座敷へねましたが、お父さん達は庭で夜を明したさうです。

第二日

翌日お父さんと駕籠町へ行つて見たら、家が三軒程つぶれてゐました。それからお父さんはお役所へ出かけました。晝から濱町の叔父さんと叔母さんと從妹と書生と女中とが哀れな姿で逃げて來ました。昨夜は上野の山へねたさうです。着のみ着のまゝでごはんもろくに食べなかつたと言ふ事です。夕方お父さんが歸つていらしつて、お役所も丸燒だとおつしやいました。

夜の食事がすむと、かなり大きい餘震が來たので、又松の根へ逃げました。其の内に上野の山が焼けて火が小石川へ來るといふので、叔父さんが、逃げる仕度をした方がよいといひました。お父さんは大丈夫だと言ひました。けれども、みんな少しの荷物を持つて角まで出ましたが、近所ではだれも逃げないので、お父さんが「歸らうぢやないか」と言ふと、叔母さんはどうしても逃げると言ひましたが、其の中に火が消えたといふので安心して僕達は家へ入つてねました。叔父さん達は明け方まで門の前に居たさうです。

第三日

三日からは火事と地震は靜まりましたが、今度は鮮人さはぎで大へんでした。

第四日

四日の夕方は先に使つてゐた爺やが、淺草で焼けて、上野へ逃げたが、息子にはぐれてやつとたづねて來ました。少し中氣で足がよぼ〳〵してゐる上に、つかれた姿がずゐ分かはいさうでした。四五日立つと大分落ちついて夜も安心して寢ました。先生やお友達にいつあへるかと思ひました。そして下町に住んでゐる岩村君、人部君、田崎君達はどうしたのかと心配しました。

第十六日

十六日は、お父さんと上野へ行きました。大佛様の首がとんで、山の上の常盤花壇があとかたもなくなつてゐました。見渡すと十二階の八階になつてゐるのや、三越や白木屋や國技館が、すぐ近くに見えるのにはおどろきました。上野ステーションのそばに、省線電車の燒けたのがありました山を下りて見ますと、どこがどうだかさつぱり見當がつきません。

本郷の方へ曲るとまわりはみんな燒けてゐるのに、天神樣と、そばの家が二軒ほど殘つてゐました。それから帝大へ行つて見ると、外側だけのこつて中は丸燒でした。

第二十日

二十日に大森の祖母さんが、叔父さんと歸りました。僕もやつと學校に行きました。久しぶりに先生やお友達に會ひました。田崎君のお母さんがなくなつたと聞き、きのどくに思ひました。僕は此の大地震に、無事でゐられる事をありがたく思ひます。

○大地震

尋三　稲毛　徹

庭へ出る迄

九月一日に僕は學校の始業式を終つて家へ歸つて來て、服をぬいでハーモニカをふき乍ら椅子に腰かけて居ました。丁度お母さんも學校へ行つて歸つていらつしやつて、お風呂に入つていらつしやいました。

すると急に障子がガタ〳〵と言つたかと思ふと同時に、たんすがガタン〳〵となり出しました。

僕は、

「そら！地震だ」

と、思はず叫びました。お母さんは風呂場で

「早く出ろ〳〵」

と言つていらつしやいました。僕はもう一生懸命になつて、ハーモニカとそばにあつた讀みかけの本とを抱へて風呂場へ飛び出しました。そしておばちやんの方を見ると、弟を抱き乍らうろうろしてゐたので、僕は

「早く出なさい」

と言つた。やつとおばちやんが風呂場へ來るとお母さんが

「早く火を消して外へ出なさい」

と、仰有つたので、おばちやんは火を消して庭へ出ました。

庭へ出てから

庭へ出てお隣の方を見ると、お隣も庭へ出ていらした。後の板べいを見るとすつかりたふれて、家の紅葉の木でさゝへられてやつと立つて居ました。家の中を庭から見ると、佛壇はひつくりかへつて電氣はブランコのやうにゆれてゐます。又台所の方はと見ると障子が外れて、釘に掛つてゐたかごは下に落ちてさかさまになつてゐました。方々を見てゐると又急にゆれて來たので僕達は又かと思つて木につかまつてゐた。地震はかなり大きかつたがぢきに止んでしまつた。ゆれる度にへいが木にすれてギイ〳〵と妙な音を立てゝゐた。

火　事

地震が止んだので又あつちこつちを見てゐると、其の中に煙やもえた紙などがどん〳〵飛んで來るのでお隣の人に、

「どこか火事ですか」
と聞くとお隣の人は
「えゝ、さうです。江戸川の所のいわし屋（藥屋）がやけてゐるのです」
と教へてくれました。

長谷川さんの庭へ避難

それでいくらか安心して今度は長谷川さんの庭へ避難しました。そこへはお隣の女の人も來てゐました。そこへ來てゐるといつも仲よしでハーモニカ等を教へて下さる寶さんが出て來て、
「あれを見たまへ」
と大きな木を指しました。僕はその木をよく見ると上の方に誰かが上つてゐました。それで僕は
「あの人はだあれ」
と聞きますと、勇さんだと教へて下さいました。（勇さんは寶さんの兄さんです）
其の中に煙はだん〳〵こくなつて來たので心配してゐますとお母さんが急にいらつしやいまし

た。

怪しい雲

僕はどうしたのかと思つてそばへ行くとお母さんは「今お父さんの病院へ行つて來るから表へ出てゐなさい」と仰言いました。それで僕は弟やおばちやんと一しよに表通へ出てゐました。表へ出ると今まで氣がつかなかつたが向ふの方には神田本郷方面の火事の煙がもう〳〵と上つてゐるのに目がついた。お母さんが病院へいらしてから二三時間たつと、大きな恐ろしいやうな眞白な雲が出て來た。よく見ると下の方は赤いやうな黑いやうな何ともいへない變な色をしたものがまじつてゐた。僕はこはくつて〳〵て仕方がなかつたが我慢してゐた。其の中に雲は山のやうになつたり門のやうな形になつたりしてゐた。又驚いた事はそれが皆火事の煙だつたと言ふことだつた。

いやな夜

いよ〳〵いやな夜は近づいて來た。僕達はまだお母さまが歸つていらつしやらなかつたので仕方なしに大切な物を風呂敷につゝんでいつでも逃げられるやうにして置いた。そして急いでおむすびを食べてお母さんの歸つてゐらつしやるのを待つてゐた。けれ共中々いらつしやらない。僕は表通へ出て向ふを見ると向ふの方は一面の火で赤くなつてゐるのは物すごかつた。

其の中にお母さんが歸つていらしたのでいくらか安心した。そして今度は往來にはり板を出して其の上に腰かけてゐた。

火はますく盛になり出した。暫くすると後藤先生がお通りになつて

「もう大丈夫ですから家に入つてゆつくりお寢みなさい」

と仰言つたので僕達は家へ入つて寢ようとしたが又わりあひに大きな地震があつたので表へ出た。しかし二度目に家へ入つた時はぐつすり次の朝迄寢てしまひました。

鮮人騷

夜は明けた。僕は顔を洗ふと直ぐにびんを持つて長倉君の家へ行つて水を貰つて來た。それからをばちやんがお父さんの所へ行つて來た。

其の午後から大變な事になつた。それは鮮人が石油と綿やぼろ布などを持つて放火をしたり爆彈を持つたりして居ると言ふ事で、今も一人なぐり殺されたなどと言ふ事もかなりあつた。二

日の午後三時頃も大勢の鮮人がしばられて家の前を通つた。

火薬庫へ寝る

夕方になつて僕達は大切な荷物丈すつかり火薬庫に運ぶことになつた。それでお隣の人と一しよに車に荷物をつんで火薬庫へ運んだ。そしてお母さんだけ家へ残つて外の人は皆火薬庫に寝る事にした。僕はもう寝ようとしてゐるとお母さんが駈けていらつしやつて「宮城の大砲が三發なると昨日よりもつと大きな地震があると言ふから來た」と仰言つた。僕はくたびれてゐたので直に寝てしまつた。

火薬庫より家へ歸る

朝五時半頃目をさまして見るともう皆起きてゐて弟も目を覺してゐた。それで僕も直ぐに起きると、つんで置いた荷物丈残して置いて外の荷物を皆持つて歸つて來ました。家へ歸つて見ると家の壁は下の半分がすつかりはげ落ちてゐました。

お父さんの病院へ行く

五日の午前中、お母さんと一しよに、お父さんの病院へ荷物を持つて行きました。途中があまりほこりつぽいので、本郷三丁目の交叉點の所へ行き左の方へ曲つてしばらく行つて赤門を入つてずつと行きますと、病院へ行くやうになつてゐる四つ角に出ました。それでもまつすぐ行つて病院の入口につきました。

中へ入つて病室へ來るとお母さんが

「元お父さんがゐた室は十四號室だつたが、今度は十七號室におうつりになつたんです」

と教へて下さいました。

それから室へ入つて持つて來たものを置くと少し休んで又病院を出て今度は電車通りを通つて歸つて行く事にしました。

病院より歸る

病院の入口を出ると又元の四つ角へ出ました。そこで左へ曲つて本郷區役所のわきに出ました。そこには小さな小屋が列んで建つてゐて、そのそばには大きなかまが三つも四つもあつて玄米御飯を一生懸命にたいてゐました。

其所を通り過ぎて今度は電車通りへ出ました。電車通りの向ひがはゝもうすつかりやけて、その中にこげた木が二三本淋しく立つてゐました。

其所をしばらく見てゐる中にふと目についたのは近藤藥局といふ藥屋が、ちやんと殘つた事でした。其所を通り過ぎて今度はちよつとしたかんぶつやがあつたので其所でふを買つて急いでどんどん歸りました。

傳通院あたりまで來ると急に曇つて來たので雨に降られては大變だと言ふのでなほ急いで來ると、大勢人が集つて何か言つてゐたので何かと思つて見るとローソクを賣つてゐたので、丁度いゝと言つて早速一箱買つて又どん〳〵行くと高等師範の所迄來ました。さうして少し休んでゐるとなほ曇つて來たので又歩きました。どん〳〵行つてゐると其の中にポツリ〳〵降つて來たので駈け出しました。其の中に拓殖大學の處迄來ると小使の木村さんにあひました。木村さんは

「今江戸川の所の給仕さんの所に見舞に行つて來たとこです」

と、言ひましたが、雨が少し強くなつて來たので又別れてどん〳〵〳〵行つて家へ歸りました。

留守の中に叔父さんが來て下さる

家へ歸つて見るといつの間にか竹の森の叔父さんと高安の叔父さんとが來てゐらつしやいまし

た。そして家へ入ると僕は洋服をぬいで御あいさつをしてそれからお互に無事でよかつた事を話し合ひました。

叔父さん達二人は午後からお父さんの病院へ行きました。そして歸りに燒けあとを見て來て夜の八時頃歸つて來ました。そして九時頃皆床について寢る事にしましたけれども僕は中々寢られなかつたので叱られてしまひました。

次の日朝御飯を食べてしまふと叔父さんは一人丈けで又出掛けました。そして高安の叔父さん丈け殘つてゐました。

お母さんは、叔父さん達が出かけるとぢきにお父さんの病院へいらつしやいました。そしてぢきに歸つていらつしやいました。

午後五時頃になると叔父さんも歸つていらつしやつた。そしていつ歸る事にしようかと相談を始めましたが、其の中に翌日の朝八時頃歸る事に決りました。

叔父さん達は山形へ歸る

いよ〳〵翌日になりました。朝仕度が出來ると僕がついて隣の井野口さんと大家さんの長谷川さんへあいさつをしてそれがすむといよ〳〵歸る事になりました。

叔父さん達が家を出ると僕はお見送をするつもりで表へ出て待つてゐました。そして始めはポストの所迄行くつもりであつたが、つい火藥庫の前まで行つてお別れした。

僕は家も無事だし學校も無事でこんなに有難いことはないと思つてゐます。

○大地震

尋四　小金井喜美子

それは九日一日のお晝ごろでした。私がねころんで本をよんでゐるとからだが急にゆれはじめました。私はいそいでとび起きるとだん〳〵ひどくゆれ出しました。お家の中はびんがおちてびんだらけになつてしまひました。そのうちおばあ樣がゑんがわからかけ下りて「早く外へ出なさい」とおつしやつたので、愛子ちやんが一番先にとびおりて、そのつぎに私がとび下りました。壽子はとび下りることが出來ないと思つてゐると、とびおりてしまひました。すぐとお庭の松の木にかじりついてゐました。一番はじめの地震はやんだので、えねやにたのんで、えんだいやござを持つて來てもらいました。すぐとお父樣が歸つていらつしやいました。お父樣はおかあ樣の學校におよりになつたけれども、お母様の方は大丈夫とおつしやつたので一安心しました。そのあとすぐお母様がかへつていらつしやつた。お母様はかめい様の石がきの下じきになつた子供をごらんになりました。少したつと火事が始まりました。下町の方はまるで火の海だといふお話をお父さまからきいて、ます〳〵びつくりしました。たえず小さな地震がゆれるので、もう氣が氣ではありません。家中ののはみんなお庭の松の木の下にひなんしてゐますと、おとなりのおば様やおねい様も大勢集つて青くなつて顔を見合せてゐます。外の方ではバタ〳〵走る音。荷物をまとめる音、車の音などがけたたましく聞えます。多くのお家では癈兵院へひなんしたり、岩崎の原へにげたり、停車場のホームへ行つたり、夜になつてもしづまりません。もう南の方は眞赤になつて見えます。今にも火がおしよせて來るかと思はれて生きてゐる氣持ちはありません。

その晩はよほどの間は外にゐましたが、十一時內へはいつてねました。四五へん地震におこされてお庭にとび出しさうになりましたけれども、すぐやむので又とこにはいりました。お父様に、だいぢようぶだととめられて安心することもあります。

だん〳〵朝になると四時頃目をさましてお庭をかたづけて、火ばちを外へ出してごはんをたいてお家の中でいたゞきましたけれど、むねがどき〳〵してごはんなんかさうたべられません。でもごはんをたくさんたべておかないと、もしにげる時お腹がすいては困りますから、たくさん食べておきました。

二日目になりますと、ちようせん人がつけ火をするといふのでなほ〳〵びつくりしました。よその内の男の人はみんなぼうを持つたり、きぬ川さんのおぢさんは刀を持つてばんをしてゐます。夜になつても外は色々なさわぎをしてゐます。私はそのさわぎごえで中々ねむれません。私はとこの中でねえやと話をしてゐました。

おとう様とおかあ様は外の人とお話をしていらつしやいました。近所の人に、女のちようせん人が、ひ川下でどくのおまんぢゆを食べさせてころしてしまつたといふお話をきいてびつくりしました。

三日は學校へ行かなければなりませんけれど、こんなあぶないさわぎにとても子供なんか行けませんから、お母様にうかゞつたらあぶないから行かない方がよいとおつしやつたから安心しました。

三日の朝外へ出て森川さんの兄さんに「火事はまだもえてゐるの」ときいたら「もう下火だ」とおつしやつた。そして晝ごろきえたが、まだやけのこりはありました。

晝まはお家のえんがわであそんでゐました。小さい地震がゆれるとすぐお庭へとび出しました。しまいには外へ出たくなりました。外へ出て見てもやけ出されの人がびんをもつてにげて來るのでたいへんです。四五日からはだん／＼おだやかになりました。

○大震火災

尋四　吉田俊男

九月一日、學校の始業式がすんで家へ歸つたのは十時ごろであつた。午の御飯を食べやうと思つたが、お母様お姉様たちと座敷に集つてお膳の出來るまで、額の內に御製の御歌をはさまうと言つてすわると、直にがら／＼と音がした。そら地震だと言つて庭へ飛び出した。お父様は書さいで手紙をかいていらつしやつた。「早く出ていらつしやい」と言つたら、お父様も急いでとび出していらつしやつた。すると又どゝゝゝと地ひゞきがした。瓦が落ちる。ガラス戸がはづれる。ほんとうに僕はどうなるのかとおどろいた。もうこれでやむかと思ふと又がら／＼どゝゝゝ。その度に瓦はころげ落ちる。すると火事だ〳〵といふこえが聞える。見ると神田、本郷の方は煙で空が一面黑くなつてゐる。學習院がやける。女子大學がつぶれる。江戸川がやけるなどと、色々なことをきかされる。その度にびくついた。三時ごろ水原のお兄様とお姉様と千枝子と春郎が來た。「どうしたの」ときくと「火事で燒け出された」と言ふ。「まあ、けががなくてよかつた」とお母様がおつしやつた。次に水原のおぢいさんが來た。水原は病院だから入院患者を先づ遠方の安全所へあづけて、やう〳〵こゝまで來たのだと言はれた。一人もけがなしに逃げられてよかつたと皆んなよろこんであげた。夜中ごろになつて戸をとん〳〵たゝく音がした。お父様が出て見ると、黑外套のこげたやうなものをかぶつた人が一人ゐる。見るとそれが水原の滋さんでありました。滋さんはお母様をさがしてゐる内に、四方から火につゝまれてしまひました。しかたがなくて佛英和女學校の中のどぶの中に入つて、そのどろで外套をしめしてそれを頭にかぶつて火をよけてゐたが、それでも着物の半分はこげて、ところ〴〵やけどをしました。もう少しでやけ死ぬところでした。ほんとうにあぶないところだつた。

あくる日になつて水原のおばあさんが來ました。これで家内中のものがそろひましたので一安心しました。そうすると又、麹町の火事で、吉田のおば様がやけ出されて來ました。それでも吉田のおば様は大ぶ荷物をはこんでもつて來ました。昨夜は靖國神社で一晩したさうです。五六日たつて家がつぶれて又來た人が七人ほどありました。それでずい分の人數で、一家四十人に近くなりました。庭の中に蚊帳をつつてゐた。

被服廠

被服廠でおせがきがあつた翌日、お父様につれられて燒跡を見ながら被服廠におまゐりしました。

この日は朝から雨ふりだつたが、電車がかへつてこないだらうと言つて出かけた。初めに丸ビルに行つた。こゝはあんまりそんじてゐなかつた。しばらく休んで日比谷のバラックを見てきのどくだつた。雨降りだつたから、じめ〳〵したので一そうつらかつた。こゝから乘合自動車で淺草橋まで行つた。道々市中を見まはすと、廣いやけあとばかりで、まるで方角が分らない。丸善の潰れたところを見ると、鐵の柱が飴ぼうのやうにねぢれてゐたのにはおどろいた。又煉瓦や石造の大建物が、木の所は皆やけて、外圍ばかりがあぶなさうに立つてゐたのもおそろしかつた。

被服廠に入ると鐘の音、線香の煙がしてゐた。死んだ三萬餘人をやいた骨は小山のやうに積んであつた。身内のものが參るとこの骨を小さな箱に入れてくれる。坊さんが五六人こゝに集つて念佛をあげてゐた。供へた花は山のやうに積み重なり、線香の煙は空に高くのぼつてゐる。僕も一心にれいはいしてあげました。

こゝはまだ死んだ人が燒かないであつた。ほんとにくさい。土の色は黒く、泥水は青く銀色になつてゐた。實にものすごいあはれな有樣だつた。僕はなるたけ息をしないやうにしていそいで歸つた。

○大震火災

尋四　小松重喜

大正十二年九月一日は、東京は大地震と大火事でほとんど全滅してしまつた。僕は夏休みも終り、今年はいつになく體も丈夫に色も黒くなつたのを自まんにしながら、先生や友達とあふのを樂みにして學校へ行つた。式もすみ、先生に日記帳をお渡しして、夏休み中の事等お話して家へ歸つた。

久しぶりで學校へ行つたせいか、ずい分おなかがすいてゐたから、晝飯を早くして下さいと、お母様におねがひして十一時半頃晝飯をすましした。それから妹と一しよに、そばのおいなりさんへ遊びに行かうとしたら、ふいにゆら〱と少しゆれた。おや地震だと思ふ間もなく、がた〲と急にはげしくなつて來た。お母様は、外へ出れば瓦が落ちたりして危いからと、兄弟三人をお座しきに集め、押し入れから一番あつくて大きいふとんを持つて來て、僕たちの頭にすつぽりかぶせて下さつた。わんぱくの妹もおどろいて、しつかり僕にだきついてはなれない。お母様はもしや家がつぶれた時の用心にとおつしやつて、ふとんの外で氣をつけてゐらつしやつた。なか〱地震は止まない。今にも家はつぶれさうに動いた。やつとしずまつたのでふとんから頭を出して見ると、かべはずいぶんおち、からかみはしきゐからはづれて縦になつてゐる。戸棚を開けて見たら、茶わんはひつくりかへり、瓶はたふれてゐた。僕の本箱はかぎをかけておかなかつたからとびらがあいて、中の物がとび出して居り、上にかざつておいた萬年松は、コツプがげんくわんの先の方にころがつて、中のめのう石や松はたゝみにちらばつて、水はすつかりたゝみにしみ込んでゐる。

お母様はこの次の地震の用心に、急いで電球やかさをはづしておしまひになつた。すると又ゆれ出した。その時ぢやん〲〲〲とすりばんが聞えた。地震はおしまいかと思ふと、間をおいて敷へ切れないほどあつた。今度は上下の地震が前よりもひどく又あつたが、かべが落ちただけでやはり幸に家は無事だ。此の時お父様がまだお歸りにならないので心配だ。

その中に、お父様は、僕たちを心配なさつて、日本橋から足だを道にほうり出して、ぞうりでかけて歸つていらつしやつた。家にゐてはあぶないから、おとなりの筑紫さんの庭のまん中へ逃げることになり、いすやござをたくさん持つて、初めは僕と妹だけ行つた。其の中に食料品や着がえやお金などを持ち、もし家がつぶれてもよいやうにして出た。

其の間も時々地震がゆれた。向ふの空を見たら、灰色のくもが一ばいひろがつてゐる。雨雲かと思ひ、お父様にうかがつたら、それは火で、夜になるとまつかに見えるのだとおつしやつた。

かれこれする内に夜になつた。うつせみ橋から向ふを見渡すと、一面火の海だ。その恐ろしいこと、急に胸がどき〳〵して來た。もう同心町まで來てゐるといふことだ。それで晩はござの上にねたが、目がさえてよく眠れなかつたが、いつの間にか眠つてしまつた。

あくれば九月二日、火はまださかんにもえてゐる。

日本橋のおねえ様のお家はどうしたかしらと思つて青年團の人に聞いて見たら、日本橋はぐるりを火でかこまれて、皆人は一所にあつまり燒け死んでゐるとの話。もしおねえ樣が燒け死んだらと思ふと心配でたまらない。

その中におしかさんが、杖にすがつて、頭をかべ土でまつ黑にして、着のみ着のまゝでにげて來た。おしかさんのゐた所は北神保町で、二階で晝食を食べようとした所が、地震と共に家がづぶれ、屋根の下じきになつて何一つ出すことも出來ず、まわりがもう火事だから、九段の上まで逃げて昨夜一晩を其所で明かして來たのである。

省線電車の線ろを見ると、後から後からとひなん者が逃げて來る。もし中におねえ樣がいらつしやりはしないかとさがしたがいらつしやらなかつた。おとなりの高橋さんのお家では、せつ子さんのおよめ入りの式が一日なので　日比谷のパリーいんでかみを結つてゐる最中に地震が來たが、一番始めの地震の時もう方々の家がつぶれて火事になつたので日比谷公園にひなんして、夕方やつと家に歸つて來られた。その間ずい分皆さんが心配していらつしやつた。

三日の日、お父樣はお姉樣たちをさがして來るとおつしやつて、おむすびを持ちさがしにいらつしやつた。僕は無事だとよいと思つてゐたら、皆無事で平井さんの家にゐて、けが一つなかつたとのことで、ほんたうに安心した。

三日の晩にやうやく火事は止んだが、今までのにぎやかな東京は見られない。見渡す限り一面に焼け野原となつてしまつた。お母様は東京の人だから東京に親類が多く皆焼けてしまつたが、誰もけがゝなかつたのが何よりだ。聞けば此の度の地震と火事で死んだ人は十萬からだとの事で、けが人はそれ以上あるだらう。しかも東京ばかりでなく、横濱、鎌倉、小田原等、まだ〳〵方々だから大いへんだ。新聞で見ると日露戰爭の時使つた金より、もつとそんがいが多いとか。おそれ多いが宮樣方も大分お亡くなり遊ばされたりけがをされたりした こんな恐ろしいことは生れて始めてだ。食べつけない玄米を食べたのも何日つゞいたか。しかし僕たちはまだ幸だ。今まで御父樣御母樣兄弟たちと樂しく不自由なく暮してゐた子供たちが、にわかに一人ぽつちになつたのもあるだらうし、おぢいさん、おばあさんが子供たちに死なれたのもあらうし、そんなことを考へると僕たちは決してぜいたくや我まゝを言つてゐてはならない。實に恐ろしかつた大地震大火事。

○大震火災

尋四　堀　正一

地震の前はもうごはんを食べてしまつてゐた。火はひとつもしてなかつた。みんな四じよう半にゐた。僕は弟が何にをするのかと見てゐたら、僕のおしりがぶく／＼上る。地震だと思つて立ち上つたが歩けない。お母さんは和子さんがお人形の着物をあまりつくつて／＼と言ふものだから作つてゐた所なのでした。英ちやんもそのそばにゐた。いそいで外へ飛出した。庭のすみの方にしやがんでゐたが、みんなたふれてしまつた。地震がすんでから、小野さんはどうなすつたかと思つて小野さんの方へ行つた。そしたら小野さんやそのそばの人は皆竹やぶへ行つてゐた。僕の内の人も皆そこへいつてゐた。

するとだん／＼時間も立つて來た。その内にほかの内のお父さんは皆かへつていらつしやる。すると東の方からはまつ白な煙が出て來た。その前に南の方へ一寸出た。それを僕達が見てふん火の煙／＼と言ふと、年取つたおばあさんがふんかの煙ぢやありません。ふん火の煙はもつと色々のものが飛びますと敎へてくれた。それから東の方に出たのもふん火の煙とは思はれなかつた。僕はそれを見てゐる内にまぶしくなつて目がへんになつた。その頃僕はろうそくを買ひに行つた。その時警察の方から夜の十二時頃に又ひどいのが來るといつた。まだお父さんは歸つていらつしやらない。英ちやんの百日ぜきが直つてゐたのに又ひどくなつた。和子さんはこわがつて竹につかまつてはなれない。小野さんの内ではもうご飯を食べてゐる。内ではまだご飯の仕度が出來ない。それから僕たちはお父さんが心配で食べられない。それでお母さんはふとんを持つて來て花畠をこわしてそこへかやをつり、ふとんをしいてねた。ねたところが心配でねられない。やうやく歸つて來られたのは十一時過ぎであつた。それから話をきいてゐるとお父さんの學校へいろいろの病院の人が避なんに來たさうだ。その内にお父さんの學校のそばへ火がとんださうだ。それから裏門とおもて門とあけて皆んなおつぱらつてしまつたさうだ。それからごしんえいを出してお父さんがかついだ。そして上野の音樂學校へごしんえいをあづけた。そして音樂學校の先生たちのうちはだい丈夫といふ人に來てもらつてばんをしてもらつたさうだ。それからわかれて來たさうだ。お父さんの學校は三時から四時の間に燒けたさうだ。それからはちつとも知らないでねてしまつた。

二日の日にお父さんは音樂學校に行つたかへりに東京パンを買つていらつしやつた。二日の夕方お父さんの知つていらつしやる人がいらつしやつた。その人は奥田さんといふ人であつた。奥田さんのうちがやけたのでうちへいらつしやつたのださうだ。二日の晩は僕と啓ちやんと和子さんと奥田さんのおばさんと外でねた。

内にはうまい事には竹があつたので竹やらござで家をこさへた。風があつてさむかつたもんだから、せんのへいをこはした木でかこいをしてねた。二日の日は安心してねた。

その翌日東京パンへ行く道を敎へてもらつた。その日は朝いつたが出きてゐなかつた。何時頃出來るかきいてみたら一時頃出來るといつたので歸つた。ご飯をすんでから行つたら今度は丁度パンが出來てゐたからかつた。三斤四十錢であつた。そのあくる日も行つたら同じねだんだつた。その又あくる日も行つたら、三斤三十錢に下つてゐた。

七日頃まで東京パンを買ひに行つた。せんじんさわぎもずい分こはかつた。內へ來るそうぢやさんが八日頃にきたが、その人はばくだんをもつたせん人を六七人つかまへたさうだ。

十一日の日、やけあとを見て來た。電車がないのであるいて見て來た。僕の內から大塚仲町まで行つてそれから上野まで行つて上野の音樂學校へ行つておべんたうを食べた。上野の山へ來たらくさくてしようがない。上野の山で下を見ると、上野驛にはたくさん客車がやけて車だけのこつてゐた。十二階も見えた。三越も見えた。それからお父さんの學校のあとを見たら全燒だ。お父さんの机があつた所には本がたくさん燒けてゐた。

がらすがとけて、面白くなつてゐた。それから石段ものこつてゐた。門ばんの內もやけてなかつた。それから九段へ行つた。九段の上へ行くと向ふの方が皆やけてゐる。

そこにはすいとんとかいふものを賣つておれば、うどんなどをたくさんの人が賣つてゐる。

それから電車に乘つた。すこし行つた所に火がとんで燒けてゐた。又すこし行つた所に又燒けてゐた。四谷見附でおりて新宿まで來てそれから內へかへつた。ずいぶんくたびれた。

四日の日二時間目の時間が修身の時間であつた。その時あはてちやいけないと言つてゐるときどんと內をたほした。その時岡田さんが地しんと思つておかださんは戶を開いて出た。それを見て女の人はぞろ〳〵出ていつた。その時男の人が笑つたもんだから、やうやう地震ぢやないと思つてはいつて來た。男の人たちはみんなはやした。女の人と一しよに出たのがいそべさんで、けふしつへはいつてきて机についた時もかほがまつさをだつた。富田君がいそべ君まつさをだとはやしたら、いそべ君ははづかしさうにしてゐた。

○大地震

尋四　長谷川徽二

九月一日の事であつた。

長い其休も終つて皆元氣よく學校へ行つて始業式をして歸つて來た。そして家で遊んでゐた。その中女中が

「お食事でございますよ」

と言つて來た。そのとたん

「がた〴〵みし〳〵」

と家かゆれ出した。僕ははじめ少し位ゆれてやむのかと思つてゐる内に、ます〳〵ひどくなる。今はもう庭へ出るより仕方がない。皆と一しように庭に出た。さつき「ごはんですよ」と言つて來た女中まであわてゝおはちをかゝへて飛び下りた。そして皆でひの木にしつかりつかまつて地震のやむのを、まつたけれど中々やまない。二階を見て居ると一尺ばかりも左右にうごく、ほんばこはたふれてがらすがわれる。かわらは屋根の上で運動會を始める。ふすまはたふれる。しよじはたふ

れる。其内第一の强震は終つたそれでちよつと、外の樣子を見ようと思つて、門外へ出て見ると「臺町學校」のれんがや小さい門柱が往來の方をむいてたふれてゐる。

文美屋の本やなんか、店に出してあるものは、皆たふれて居る。其内第二の强震が來たので又急いでひの木につかつてゐると又瓦の運動會が始まつた、今度はざしきの、ろうかの押入の戸が開いて、中からこうりがころげ出した。其内第二回も終つた。家の前の人たちは皆家の門の所に集まつて居るので、お母さまが家からござをもつていらして。そうして

「どうもありがたうございます」。

と言ひながら皆入つて來たそして腰を下した。それからはもうちよい〳〵とゆれるだけであつた。だがまだおひるご飯をたべないのでおなかゞすいてしようがない。それで外へござをひいてたべた

第二回の强震がすむと同時に

「う――――」

と消防自動車が走つて居る音が聞える。

それも餘り遠くはない僕は少し心配になつて來たので重ちやんに
「今の火事はどこなの」
と聞くと重ちやんは
「ちよつと見てくらあ」
と行つて出て行つてが間もなくかへつて來て
「すぐそこの久世山の下か盛んにもえてゐる」
と言つた。
僕はます〳〵心配氣になつて來た。
それもそのはず久世山と言へば僕の家から三丁もへだたない所だ。
僕はその事をお母樣に言ふとお母樣は
「それぢやごはんをたべたら用意をするから徵二も手つだつておくれ」
とおつしやつたので急いでごはんをたべてお手つだいをした。先づ銀行の通帳や、よきん帳をまとめた。

其の次には僕たちの學校のめんじやうや通信ぼを出した、するとお母樣は

「あゝまだ忘れてゐた佛樣のおいはいを出さなかつた。」

と言つてお佛間へ行つておいはいをもつてこられたそして僕たちに

「もうあとは私がするからお前たちも學校の本だけまとめおゝき帳面はよいから、とく本だけランドセルに入れておけばいゝから」

とおしやつたので、とく本やなにかを皆ランドセルに入れて、もうせなかにしよつて居た。

すると又重ちやんが來て

「おばさんも久世山の下は、もう消防自動車が來てけしたから大丈夫だよ」

と言つて一安心したが、まだどこが火事だか外の樣子が分らない。

空を見れだ黑煙が空をおふてゐる。

こちらにはむく／＼とこちらへたふれそうになつてゐる。

あゝ僕は天の雲を見て心細く感じた。

其内だん／″＼と暗くなつて來て眞赤になつて來たので久世山へ火事を見に行つた。

久世山から見ると、淺草の方は家にかくれて見えないが、大分たくさん、もえてゐるらしい、其少しこちらがもえてゐるのは、飯田橋の所がもえてゐるのであらう。

其の大分はなれた所に九段の鳥居があつて其の後がさかんにもえて居る。

其少し右は赤木樣の後でそこもさかんにもえてゐる。

その他二ケ所もえてゐる。

すると僕のそばにゐた、くにをさんが、

「徹ちやんもうこんな大火事には一生あはないんだからよく見ておいて、徹ちやんが大きくなつて子供が出來たら『ねえ坊やお父さんが十一の時にねえ』と言つて話すんだ」

と言つてわらひました。

それから家へかへつてから四時間ほどねた。

ねる時には用心に洋服を着てくつをはいてそらと云ふ時にげられないといつて雨戸をあけはなして家へねた。

目がさめた時には二時であつた。

まだ火はもえてゐる。
其の内夜があけた。
火は二日中もえてゐた。

○帝都大震記

尋六　榿田次良

思へば大正十二九月一日午前十一時五十八分の事であつた。僕は丁度學校から歸つて來て着物を着かへた刹那、突然ぐら〳〵と振れ出した。僕らは急いで玄關の大机の下に入つた。これが東京市内を全滅させる地震だとは夢にも思はなかつた。

しばらくすると第二回目の地震はおそつて來た。荷物は方々へ落ちる、棚の本は僕らの頭の上に落ちて來る。大變なさわぎだ。止んだと思ふと第三回目の地震は又おそつて來た。それが止むか止まない時に兄がかけ込んで來て「外へ出た方がいゝ」と言つた。僕はすぐ表へ飛び出して揺れる中を火藥庫の原へと走つた。もう木の根もとなどは人で一杯埋まつてしまつて身動きも出來ない。地震は安全だと思ふ間もなく今度は火事だ。すぐ目の前の衞生材料廠が燒けて來た。やつとその火事が納まつた頃には日はどつぷりと暮れてゐた。皆は一安心と胸をなで下した頃、又もや火の手は新橋方面から廻つて來た。日吉阪方面の空は眞赤になつてゐる。人々の口からは「火は赤羽橋へ來た」「一の橋へ來た」などと言ふ聲が聞える。兄と弟と二人はじろ〳〵眠つてしまつたが僕と姉と書生だけはどうしても眠れない。二十分か三十分置き位に電車通へ三人で見に行つた。交番の黑板には「火は今宇多川町方面」「飯倉方面」などといふ事が出る。火は段々と近くなつて來る樣子、もう表通の呉服屋や氷屋等は荷物を自動車に積んでゐる。僕の家ももう助かるまいと思つて荷物を引つくるめ曉方三時頃火藥庫へ皆持つて行つてしまつた。そして皆を起して火藥庫へ行つた。

明くれば二日。その日は僕にとつては、否！僕の町の人に取つては忘れることの出來ない日となつてしまつた。

その日の晝も過ぎて夕方四時頃俄かに大人の人がかけ込んで來て「不逞鮮人が手に爆彈、鐵砲、拳銃を持つて二千名大崎方面から迫つてくる」と言つた。火藥庫の中にはいつてゐた人は驚いて皆どん〳〵逃げた。ちようど其の時僕と兄と二人だけ原へ殘つて後は皆家に居た。僕等もその人達と夢中で逃げた。今にも敵が背後に迫るかと心も心ならず、やつと麻布三聯隊へ逃げ込んだのが六時半だつた。隣の人四人と僕と兄とで不安の夜を過したのだつた。夜中兵隊さんから牛罐と、パンとをもらつて元氣をつけた。その間も銃聲がポン〳〵と聞えてゐた。かくして不安の一夜は明けた。とうとう朝鮮人を撃退してつかまつたものが三十人あつたといふ話だ。

朝家へ歸ると大心配して探してゐた皆がよろこんだ。

それから十有餘日、何んだか無我無中で暮してしまつた。今も朝鮮人さわぎの事が目にちらついて仕方がない。

祖父の死

僕の祖父はあの大地震の時に負つた火傷のために九月十四日にとう〳〵死んでしまつた。

本所二の橋郵便局に局長代理をしてゐた祖父は、地震と同時に龜澤町電車線路に避難した。間もなく森下町から火を發したので大切な書類をまとめ局長の六つになる息子を抱き局長の奥さんを伴つて被服廠跡に逃げ込んだ。祖父は日清戰爭の時負傷して右手の自由を失つてゐたので左手でその子をかゝへて居た。やう〳〵火の中をくゞつて被服廠跡に逃げ込んだが、その時は四方から避難して來た人と荷馬車等で運んで來た荷で、蟻のはふすきもない有樣であつたさうだ。

背に負ふてゐる子供の上に人が腰をおろす、その子が苦しがつて泣き叫んでも、どうする事も出來ぬやうにぎつしりあの廣い原につまつてしまつた。其の内に運んであつた荷物に火がつき出してあつくてとても居る事が出來なくなつてきた。折しもひどい風が起り、煙と砂ほこりで目をあける事も出來なくなつた。しかしその内を無我夢中で逃げ廻つたさうだ。つむじ風が起り人が頭の上を飛んだといふ新聞の記事も此の時の事ださうだ。どこをどう走つたか疲れに疲れて思はず知らず坐り込んでしまつた。丁度そこは二十間ばかりの水溜りであつた。其の中へ坐り込んだ一かたまり（二三十人の）人は、お互ひに頭と言はず顏と言はず身體一面に泥をなすりつけ合つた。それでもあつくておしまひには其泥水で口をうるほした。

翌朝になつてさすがの猛火も靜まつたので痛い目を無理にあけてあたりを見廻すと無慘にも何とも言ひやうのない光景、何萬人かの死骸が折り重つてゐる所は丁度地獄がかういふやうな物だと祖父は言つてゐた。それでも祖父の抱いてゐた男の子は傷も負はずに安全であつたさうだ。しかし祖父は抱いてゐた左の手首に何か燒けたトタン板でも大風で飛んで來てぶつつかつたか、肉をえぐり取られて火傷を受けてゐた。頭や耳などにも所々に傷を受けてゐた。いよ〳〵夜が明けて見るとそこの一かたまりの人々も命拾ひをした事が分つてお互ひに萬歳を叫んだ。そこは被服廠跡の一番奥の方であつた。その助かつた内の丈夫な人だけ近くの氷倉まで行つて氷を探して來て一同に分け、それをしやぶり乍ら、大病人のやうに動くことも出來ず三日までそこにゐた。三日の日に探しに行つた人に助け出され自宅へつれられて來たが火傷の跡は化膿してゐた。それを切開して貰ひ大分經過もよいと皆喜んでゐたが、とう〳〵破傷風になり、手當の効なく十四日午後四時死去してしまつた。終りまで左の手で抱いてゐたその男の子は傷一つ受けず、今も元氣よく遊んでゐる。死んだ祖父はきつと満足してゐたであらう。

父の話

當時海上ビルデイングの四階東邦電力の事務所にゐたが地震と同時に大きなテーブル、戸棚、すての器具はがら〳〵と倒れて來る。金庫までひつくり返る、がらすは飛ぶ。その内暖房まで倒れて來て水はざあざあ流れ出して來る。室の中に立つてゐられなくなつてころころころがつてゐた。出してあつた書類等全部片附け外へ出ようとしても危險で出る事が出來ない。その内第二回目の地震がやつて來た。そこの技師長と二人で、一倒壊したらそれ迄だ。先日の潜航艇の沈沒の時乘つてゐた人の心持もこうであつたか」と覺悟をきめてゐた。同室のものでガラス其他で怪我をしたものも澤山あつた。二回目の終つた時ころがり下りるやうに下へ出た。途中エレベーターが中途で止つてワイ／＼さわいでゐるが何とも仕方がなく、そのまゝ出て來た。外へ出て見ると、その邊の大建物から出て來た人が幾萬と知れず東京驛前の廣場を目がけて集まつて來る。中には頭に負傷した人、白洋服に血をにじませてゐる人、實に悲慘な有樣だ。道路も所々龜裂がはいつてゐる。

自動車や車もないので仕方なく大勢の避難民の中をくゞり走り乍ら歸途についた。途中走つてゐる自動車を目がけて飛乘りして夕方自宅に着いた。

僕の家も工場（鍛工場、新工場）も皆無事だつた。只、銀座の父の特許事務所が燒けただけだ。

○　大正大震災大火災遭難記

尋六　渡邊　厚《アツシ》

我等の遭難記

九月一日東京が涼しくなつたと誰も喜んでゐた。二百十日の暴風の前知せと思つてゐると、午前十時頃、暴風は忘れたやうに治まつて、せみは一齊に聲をそろへて鳴き出した。

女中が晝食と言つて來たので、僕はテーブルに就いたその瞬間、ぐら〳〵と家がわれたと思ふ間もなく我家は木の葉のやうに搖られて、今にも倒れさうになつた。むちうで外へとび出した。大道へ出ると、大次郎さんのへいが倒れてあやふくも下じきになりさうになり、寶兄さんに注意してもらひ、一命をとりとめた。

巡査の命に從ひ五番町公園へ町內の人は皆つめかけた。五番町公園に集つた人の顏には、恐怖に襲はれた色があり〳〵とあらはれて居る。

第二震ぐら〳〵。人々は地震〳〵とさわぎ立てる。

地震と火事とは、くつつき物。地震と同時に起つた火は、水のないのに拘らず、無遠慮に攻めて來る。皆の心は恐怖にとらはれてしまつてゐる。一旦家にはいつた人も餘震のある度に外へとび出す。

午後二時家へはいつて見ると、壁は落ちて、家の中はおゝさわぎ、父の部屋は一とうひどい。本箱がひつくりかへる、本が飛ぶ、非常な混雜を呈してゐる。

一時間ほどかゝつて家をすつかり整頓してきれいにした。火事はと西洋館の窓からのぞくと、どうした事か風向は正反對に變つて、午後五時頃火は我家を一口に呑むぞと言つたやうな調子で攻めて來た。

此の火事の火元は後でしらべると、麹町區中六番町一八、明治藥學專門學校であつた。

晩食もろく〳〵のどを通過せず。やつと二ぜんかきこんだ。

食事を濟まして庭へ出ると火の粉は雪のやうに飛んで來る。もうあたりは暗くなりかけ、皆の心の地震の恐怖はたちまちにして火事恐怖に變つた。

六時半九段へ避難する二三分前、僕の部屋に飛び込んだ。僕の部屋もこれが見別れ。僕の小さな心にも、十二年間樂しく遊んだ部屋だと思ふと、何となく淋しい氣持がして、母をなくするやうなつらい心がむら〳〵と湧いて來る。机、本箱君、さようなら。

六時半、第一回の荷物を持つて九段上へ避難した。九段から我家までは五丁程ある。此んな場合になると大きな荷物でも平氣で持つて逃げる。男女六人でせつせと運んで、親せきからの手傳ひとまじつて約六回目、火はいよ〳〵せまつて我家の五六軒先をなめてゐる。第七回目をやつと持つて逃げた。七回目に家へはいつた時は、もう煙がそろ〳〵やつて來たので、目もあけられない程。午後十一時三十分我家は煙にまかれてしまつた。煙が止んだ時にはもう後かたもなくうち消されてしまつた時であつた。

あゝあの我家は大正十二年九月一日をして一生の名殘りとして消えた。

九段坂上の一夜

兄さんの七回目が歸つた時「あゝ萬事休す。どびんに茶わん」と言つたので皆笑つたが、其の笑ひ方まで氣味惡く感じた。月はものすごく光り、三方火につゝまれた廣場の光景は筆にはかきつくされない。

十二時半うと〳〵と眠につくと又人聲に起こされる。眠りにつきながら考へると、いつもなら、ふとんの中にねるのだがと、自分をかへり見てなさけなくなるが、又考へ直して命のある事を何よりの幸福と思つて眠りについた。

朝起きて見ると神田のあたりはまだ焰があがつてゐる。すぐ燒跡に行つて見ると、昨日まで我家であつたのが今は後に殘された金庫が淋しさうに立つてゐる。石炭のあつた地下室はまだもえ最中であつた。大兄の命に從ひ、午前九時荷物を牛込田町一番地へはこんだ。

大兄の前の小賣店は倒れたが死人は一人もなかつた。

度々來る餘震のために家にははいれないので電車通へ避難した。自動車が通る度にほこりを食はせてゐる。

朝食を九時半に食べた。その時のおいしさは一生に先づ一度であらう。

午後二時とつぜん森戸の兄さんが鵠沼の別荘から歩いて歸つていらつしやつた。

十四里の道を歩いて歸つた兄さんの話を聞くと、一番ひどいのは横濱であると。鵠沼の別荘の話しを驚かす一ぽう。鵠沼は十一時五十八分にぐら〳〵と揺れたかと思ふと、一尺程家ごと持ち上げられ、大地震といふ間にもう倒れてしまつた。そのぞうさもなく倒れる様は、何とも言ひようもなくみぢめなものであると、母と兄はぐら〳〵と揺れるが早いか庭にとび出した。と見る間に家はつぶれた。あまりひどいので少しの間は口もきけなかつたさうである。もう死んだとは思つて、必死の勢で瓦をとりのけ天井板をはいだ。死んだと思つた姉さんも望も父も三人生きていらつしやつたので、此れ程幸福なことはないと言つて喜び合つた。兄さんはそれから二時間ほど眠つて自宅大久保へ歸つた。

その夜も火に三方をかこまれ乍ら、淋しき夜をむかへた。餘震も度々來る。まだ家には眠られず一夜を電車通であかした。寒い風は顏を吹きまくる。五時間程眠つて第三日目の朝を迎へた。

三日は食糧がなくなるといふので、米その他食料品を買ひ集めに行つた。

朝食は玄米ばかりのにぎり飯を生れて始めて食べた。あまりおいしくはないが、此の際だから四つ五つ食べた。

森戸の兄も十時頃から田町へ來て、色々と親切にして下すつた。自動車のほこりをのむものだから、のどをいためて咳が出る。久野君の家からも手厚くいたわつて下さり、梨を十ばかりいたゞきのどをうるほすのに非常によいものを下さつたと感謝してゐる。

鵠沼遭難の話

晝食なので本家の食堂に皆集つて話をしてゐた時、二三秒家がゆれたかと思ふと、烈しい上下動が來て兄と母とが庭に近い所にゐたので庭へ投げ出された。と同時に家はそのまゝぐさ〳〵と押しつぶされてしまつた。その間はわづかに五六秒であつた。

父や姉は地震と同時に立上つて、庭へ出ようと思つてあせつてゐる様子が外から見える。外からも助け出さうとあせるが足をすくわれて一歩も前へ出ない。その内にぐさ〳〵と押しつぶされてしまつた。

母は庭を片附けてゐた留守番の人を呼んで、二人が出來る丈け力を二人の命にさゝげて瓦を取り天井をはいで、第二第三のゆれかへしを物ともせず、急ぎ急いで二人を無事に出すことが出來た。其の時の二人の力はふだんの三倍の力に比してもよい位であつた。したがつて時間も一時間位で二人を出すことが出來た。父は、はりとはりとの間に居り、もう一尺も動いたら一命はどうなつてゐたであらう。もう一度顔が見れたであらうか。その事を思ふと實に幸福のいたりである。

あゝ自然の力、自然の力、この自然の力を我等が征服することは、我等の時代では出來ないであらう。

天地をひるがへす自然の力は、想像出來ないであらう。

そのやうな事で家族を無事に救ひ出すことが出來た。親戚である淺見ふさ子さんは隣の別莊に一人居たので、すぐその家に駈けつけると、やはり家は倒壊してゐた。名を呼ぶとかすかに返事が聞えるが、どこにゐたのかははつきりわからない。家が二階建てなので、下の方はめちや〳〵につぶれてゐた。聲をたよりに探したので、玄關の方から漸く引出すと、顔色は非常に惡い。が、命には別にさわりはないだらうと思つてゐたが、それが天命か、引出してから四十一時間程たつて、腸出血でとう〳〵永遠の眠りについた事は實に氣の毒な事であつた。

鵠沼より東京へ（兄の話）

九月一日の午後六時に鵠沼を立つて歸京の途についた。其の時は横須賀、片瀬、鎌倉、横濱の空は眞赤で、いかにも火災の大なることを思はせる。

大船あたりを過る頃、東京からの安否を齎して歸る人に三四人にあつて、東京の狀況を聞くと、東京の災害はさ程ではないらしいので、非常に安心した。その人々は地震と同時に東京を出發したので火災は少しも知らなかつたのである。

横濱に近づくと天を焦す火焔は炎々と空にひろがり、逃げ歸る人には口を揃へて、大火災の様を語り傳へるので、一度安心した心も更に不安にもえ、夢現に線路を走る。横濱驛についた時は東京も駄目だと思つて覺悟してしまつた。

見渡す限り横濱市は火の海と化し、鐵道線路の枕木までが火を噴いてゐる。頭上には火の粉が雨のうに降りそゝぐので、死ぬかと思つた位の心細い運命となつた。文化をほこつた横濱市が、一瞬間に此の世から去る運命をもつてしまつた。と思ふと命が短くなるやうな氣持がした、と、横濱の慘狀を目にし、東京の全滅を傳へて西へ〳〵と走り行く人を見ると、たゞ家族が無事に避難してゐればよいと、それをただ祈りつゞけて居た。僕らの顏を見ると、一時に涙が流れ出たといふことである。

本所被服廠跡見物

九月五日朝六時頃、東大久保を發して水道橋まで歩き、水道橋からは、江戸時代の乘合馬車と同じやうに、荷馬車に人を乘せて運んでゐたので、僕らも一しよに兩國橋まで乘せてもらひ、兩國橋を歩いて渡ると、左の水中に浮きつ沈みつする死體は一目に四つ五つは見られる。水中に浮ぶ死體は此の世をどの位うらんでゐるだらうか。と思ふと胸がはりさけるばかりの思ひがする。

兩國橋を渡り、左に曲り三丁程行くと、安田邸を拔けて被服廠へついた。被服廠に近づくに從つて、死人の臭ひがおびたゞしく、其の臭ひは口にも言はれず、話にも話されないやうな惡臭で、恐らく僕も一生に一度であらう。

小道に立つて見ると、目に入る限り死體の山である。よく見ると悶き死んだ人が一番多く感じられた。中には四つ五つの小供をだいたりせおつたりして死んでゐる。黑焦になつてゐる死人は一目だけでは男女の區別がつかない。二三度よく目を通すと頭の毛が長い短いで分る。

最もひどいのは、腹が破れ、はみ出した腸が赤くたゞれてゐたのである。何んでも被服廠では、死者が三萬二千六百八十餘人とか言つてゐる。

被服廠を出て本郷の棟方君の家の燒跡の所を通つて、午後二時家に着いた。

朝鮮人さわぎ

二日二時頃、朝鮮人がつけ火をしてまはるから氣をつけろと言ひまはつた在郷軍人が居た。三時十五分頃市ケ谷の方で人がたかつてさわいでゐるので見に行くと一人の朝鮮人が、足でふまれ、木でたゝかれて泣き聲を上げて居る時、走つて來た軍人がゐた。何をするかと見てゐると人々をおしのけて朝鮮人を救ひ出し、人々に向つて、此の人も日本國民の一人でありますから、さうひどくいぢめるのはかはいさうですと、はつきり言をのべてから朝鮮人をつれてどこかへ立ち去つてしまつた。後で或る人に尋ねると、あの朝鮮人は、煙草とマッチを持つてゐたので、マッチで放火するのではないかと疑はれたのであつた、と。

その日は五六名つかまへられた。其の中には友達の家へ行かうと思つて家を出たのがつかまつて居たのもあつた。五六人の内、一人顔のにくいやうなのが半殺しにされて、警視廳の自動車に乗せられて行つたのもある。

さつきの軍人は僕はよく物事が分つてゐる軍人だと思つた。

朝鮮人さわぎが始つてから自警團が出來て、皆安心して眠る事が出來るやうになつた。

殺された朝鮮人は約三百名ゐるとの事だ。

燒跡をほつて

九月十五日、女中や母を連れて行つて、燒跡へ行つた。その日は太陽がかゞやき渡つてゐた。

燒跡へ着いたのはもう太陽も大分高くなつてゐる頃だつた。しよんぼりと立つてゐる金庫は、僕らの心に淋しさを多くした。母の時計や其の他貴重品は此の邊にありさうだと母から聲がかゝつたので、新宿で買つた鍬で瓦をのけて四人でそのあたりをかいて見ると、時計のくさりが出た。そのくさりは母の金時計についてゐたのであるといふので、きつとこの邊にあるだらうと、そのくさりのあつた邊をよくさがすと、僕の手に金時計は眞黑に變色して探し出された。

あら指環が出たと言ふ聲がしたので女中の方へ行くと、女中は自慢さうに指にはめてゐた。僕が西洋館の所を手でさぐつて見ると五錢白銅が出て來た。此れはうまいぞと思つて二三度手でかき廻すと五十錢銀貨が出て來た。これはうまいとそのあたりを尙さぐると、面白いやうに五十錢銀貨、十錢白銅、五錢白銅、一錢銅貨など色々の環類が出て來る。二十分も掘つてゐると大分たまつた。いくらあるかと數へると一圓、二圓、四圓五十錢、八圓、九圓、十一圓、十五圓、二十圓、二十一圓八十二錢で最後になつた。母の所へ走りよつて母に見せると驚いてどこにあつたと尋ねるので、初めて掘り出した所につれて行き二人で掘ると前のやうには出ないが、よく探すと、五十錢六十錢とだん〱たまつて一時間程掘つてゐたら、それでも十一圓四十六錢ほど掘り出された。合計三十三圓二十八錢出た。

大たい金銀の品は出たので、今度は食器を掘りにかゝつた。

食器の三分の一は家庭で使ふ位のもので、後は五枚くつついたもの、われた物、で皆な使用にたえない物ばかり、もう大分荷物が大きくなつたので、午後四時大久保の家へ向ふた。

鵠沼行き

九月二十五日に兄さんについて十二時十六分の汽車で品川を發した。東京を遠ざかるに隨つて震災の被害は大になつてゐる。

午後一時横濱市に着いた。見る影も淋しい横濱の町は、此の世の終りかと思ふ程であつた。横濱市中は地震の被害もひどい上に、すぐ火事が出たので死人も多く、又地震で家がつぶれてゐたので火の手が早く廣がり、家の下になつた人が助を呼んでゐるのが耳に聞えてゐて助け出すことが出來ないで燒死をさせた人が數十人も居るさうだ。

コンクリートの大會社は地震でつぶれ、電車は一臺のこらず燒かれ、さつぱり見當がつかないやうな有樣。

汽車が程ケ谷に着いた。程ケ谷は倒壞の家は十數家もあつたが、火が出なかつたので助かつたと村の人は喜んでゐるといふ話である。

藤澤の驛は倒壞して屋根がない。普通の時なら品川驛から藤澤驛まで汽車中一時間二十分であつたが、震災後は一時間五十分もかゝり、三十分程の違ひであつた。

藤澤片瀬間の電車は今日から運轉したので、電車で鵠沼へ向つた。電車道は工夫總出でなほしたので、やつと今日から藤澤片瀬間だけは動けるやうになつたと車掌が言つてゐた。

鵠沼で電車を降りると鵠沼停留場の屋根は地震で倒れて、ホームだけがからうじて姿をかへて殘つてゐる。

裏門のコンクリートの太い棒が二本共折れてゐるので、地震の大いなることを話さないでも想像出來る。表門もやはりコンクリートであるが、裏門のよりも五六寸太いのが倒れてゐた。

夏までは平らだつた道も、一日のまに變つて、波のやうにうねつてゐる。

からうじて倒壞を免れた留守番の人の家で、茶をもらつて別莊一週をした。

池の端は二階建なので二階も下も後かたもなくぺちやんこに倒壞してゐた。

手傳ひをたのんで、倒壞した家を取り片附けてゐる所だつた。

本館の方へ歩いて行くと、本館はまだ手をつけてない。東京のやうに瓦はこはれて居ない。屋根は一枚もこはれてゐない。屋根は夏見たと殆ど變つてゐない。兄さんと音（別莊の番の人）が必死の勢で、父や姉を救ひ出した穴は、其の時の光景をもの語つてゐる。上圖のやうな穴で、僕のからだもやつと出入が出來る位の小さな穴であつた。

本館の南の方の庭は川の中へくづれ下つた。其の下り方は三尺や四尺ではきかず、一丈五尺程下つたので誰が見ても驚くであらう。その爲に川は淺くなり、子供のもゝのあたりまでしかの水はない。僕が石を川に投ずると靜けさを破つてぽちやーんと四方にひゞき、何とも言はれない淋しさは胸をすうつとさせる。

庭の松の木も、圍りが四尺も五尺もあるのに、倒れさうになつてゐるのが五六本、すつかり倒れてゐるのが十二三本もある。西洋館はからうじて倒壞をまぬがれて、今もなほ昔のまゝの姿をのこしてゐる。

山之内の家は、夏中僕らの天下で遊び廻つた家であるが、その家が一とうひどくつぶれたさうである。

地震の步いた道は、三尺程ほれて、土がぽこ〳〵に浮いてゐた。

もしも僕が歸らうと言はなかつたら、皆は父の命に從つて、二日まで鵠沼に遊んでゐたであらうもしもさうだとすると一日は雨なので、家の中でトランプでもしてゐたら、誰れかが家の下になつて死人を出さないまでも怪我をしたかも知れない。これは實に天命のいたりであらう。

○大震火災記

尋六　鈴木重通

あゝ夢のやうな十日間は過ぎてしまつた。何といふ恐ろしい事であつたらう。此の不安な〳〵一日〳〵を天幕の中に一週間を過したのだ。外は夜警の足音のみ、軒ばの提灯がほのかに光る。靜にだ。本當にあの未曾有の大災害の後とは思へない。下町の人は此の夜をどうして過して居るであらう。お父様を失ひ、お母様に別れ、兄弟ちりぢりの人も多くあるであらう。母様のそばで安らかに寢る事の出來る僕等は本當に幸福だ。思ひ出しても恐ろしいあの一日は院展の招待日で恰度お姉様と出かける所であつた。「もう十二時半だから早く〳〵」といつもの調子でせきたてながら自動車の來るのを待つてゐた。

ふだんから地震の大きらひな母様が一番早く感じたので大きな聲で何かおしやつたが、その時はお倉のつぶれる音できこえなかつた。

「あぶないから早く〳〵」と言ふ誰かの聲にお茶の間にいかうとした時に續いて電話室の戸がいきなり倒れて來た。「これは困つた。どうしよう」その時の僕は本當に死んでしもふ覺悟をしてしまつた。地の底がわれたのか、黑い水が大波を立てゝゐる。やつと靜かになつたので茶の間に行くや第二震がやつて來た。神棚に上つてゐたものが飛ぶ、めり〳〵といふはげしい音と共に見る見る二階がまがつてしまつた。「あぶない。外に逃げよう」といふ聲に皆お庭の大松の根本に出た。石燈籠が倒れてゐた。二階の戸が四五枚落ちてゐた。とこの間は外の方につきおちてしまつて向ふの空が見える。

ごおーとすごい音が聞えるとゆれて來る。母樣はまるで死んだ人のやうになつてゐる。もしこのまゝで死んでしもふのぢやないかとつまらないことまで考へた。お兄樣が持つて來て下さつたござを皆頭の上からかぶつた。瓦は飛ぶ。たえ間なしにゆれる。生きた心持は無い。「裏の廣場に出よう」といふ聲に又一同へいをこはして外に逃れた。日はだん〳〵沈んでゆく「何んだらう」「どこかのばくはつか」といふ人々の聲に空を見れば、入道雲のやうな白い銀色した煙がもこ〳〵出てゐた。今思へばあの大勢の人をやきつくしたにくらしい火事の煙だつたのだ。ともかく家にはいれないので、じうたんを天井にして小屋を作つた。夜はだん〳〵ふけていく。空は眞赤だ。火は麹町との報に一同人心地もない。

岡田のお兄樣がむかへにいらしやつた。お母樣は、「もう家の中はいやだ」とことはつていらつしやつたが「大丈夫だからいらつしやい」とどうしてもおつしやるので行く事になつた。町は蠟燭の光でうす暗い。向ふを見れば火は物に狂ふが如くもえさかつてゐる。たんかにのせられてゆく人、避難の人通りはさながら戰場のやうだつた。母樣はフラ〳〵してゐてお姉樣がまるでかつぐやうにして步いていらつしやる。お兄樣の家についてまづ水を一ぱいといふ間もなく又大きなゆれが來たので飛び出してしまつた。どうしてもお母樣が家の中はいやだとおつしやるので又人ごみを分けて天幕に歸つた。

廣場にはお隣の若林さんやお向の奧宮さんの方々も避難して來てゐられる。そこに爾津先生がひよつこりたづねていらしやつた。其の時は僕はほんとに〳〵にとびついてしまひたいほどうれしかつた。先生はねまきのまゝだつた。お體の具合が惡いので一日の朝神田の病院に入院なさつたら直に此の大地震で又火事なのど、毛布だけ持つて逃げていらつしやつたのださうだ。

ニコライの倒れる時は、とてももの凄かつたさうだ。

空はいよ／＼眞赤になつて來る。夜をおちつかぬうちにすごした。あくる日からは會社の方々が大勢お見舞に來て下さる。越後からわざ／＼出て來て下さつたのには心から感謝した。さぞ大へんだつたらう。火はいよ／＼はげしく、もう六丁目だ、もうにげろ／＼と町からのしらせに仕度をした時は涙がこぼれてしまつた。もうこれで皆がちり／＼になつてしまつたらなどと考へる。皆ももう決心したやうな顔をしてゐる。先生が、四谷見附にきてから逃げても大丈夫だとおつしやる。やつと中二階から出すことの出來た學校の道具をしつかりしよつた。すきまをもれる夜風はひし／＼と身にしむ。ともかくも新宿御苑か明治神宮まで逃げろといふので、通りにまはしておいた自働車の所まで行かうとしたが、何しろおいもを洗ふよりもひどい人でとてもあかないので、もしこゝに火が來たらそれまでと、そこで夜をあかした。

翌日は瓦斯會社の職工が二人で天幕を持つて來てくれたので先の小屋よりはずつといゝ四疊半に三疊の疊をしいた小屋が出來た 火は消えたと町からの報に人々はほつといきをついた。「朝鮮人を警戒しなければならない」と言ふ通知が又くる。一つすめば又一つ。本當にわるい時にはわるい事ばかり重なる。その間に面白い事があつた。夕飯を食べてゐると「朝鮮人、〳〵」とどなつて來たので、皆が鐵砲や木刀や刀や竹槍を持つてかけつけた。とても何十人出たかと思ふ位だつた。その中に「鈴木さんの家にはいつた」と言ふので裏口と門に人が集つた。皆は小屋に入つてどうなることかとふるへてゐた。所がそれは隣にいらつしやつたお客様で、一寸見ると朝鮮人のやうな上に、ビールの瓶に飲水を持つてゐたので、それを揮發油とまちがひて、それで大騒をしたのだ。その方はもう三度もまちがへられて、本郷でまちがへられた時はめちや〳〵になぐられたさうだ。

突然「どこから入るのか」といふ聲に一同はつとした。「お父様だ」僕が一番はじめに言つた。お姉様のさし出すあかりにつかれたやうなお父様の姿が見えた時は、何といつてい丶か分らないほどうれしかつた「まあ、やつとお歸りになつた」母様は重荷を下したやうにおしつやつた。

其の夜は久々にお父様とうすぐらい蠟燭の光の下に集つて道々のお話をうかがつた。途中すれちがふ汽車はすしずめどころか屋根の上まで人が乘つてゐるので、そこの所で何人死ぬか分らないさうだ。その汽車と驛でとまり合せた時向ふ側の人で「ものを食べないのでお乳が出ないで困ります」と言うて小供をヒー〳〵泣かてゐる人があつた。お父様は持ち合せのビスケットなりとやらうと思つたが、身うごきすることの出來ない汽車の中で何ともする事が出來なかつたとお話になつた。皆涙をためてきいてゐた。ともかくもあまり野宿してゐては體の爲めによくないからと、いろ〳〵の方が家をしらせて下さつたが、「お父様がおかへりになるまではこゝにゐて」と母様のお言葉だつたので、おかへりになつた翌日今の宿にかりごしした。元の家は大工が來てさゝへ棒をしたのでのぞきに行つた。すごい。お倉前のお姉様のお部屋は上からピシャンコにつぶされてゐる。もしあの下にゐたらと思つた時はぞつとした。あの一番始めの一とゆれで尊い生命を失つた人は何萬人あつたであらうとお父様もおつしやつた。「此の際ぜいたくを止めよう。下町の人の火におはれ水にせめられた時の氣持を考へたら止められぬことはなからう。僕もほんたうにさうだと思つた。

此の地震は明治三十六年頃今村博士が豫告なさつたとの事、學問の力の偉大である事を感じた。又お見舞にいらつしやつた方のお話であの問題のあつた大本教のお筆先に「十年十一年は立てかへ十二十三年はたて直し、東京は火の海になるぞよ」と言ふ事があつたさうだ。でも一寸あたつてゐる所が面白いではないか。大震災は僕にとつて一生のよい經驗であつたと思ふ。

震災地をめぐりて

僕は今日大震災の後を見るために爾津先生に兩國の方に連れて行つていたゞいた。通りに出るや先、人々の殺氣立つてゐるのが目についた。市街自動車に乘るのもまるで死にものぐるひで、小さい僕らは潰されてしまひさうだつた。女子供にはとても乘れない。自動車が衞戍病院の横を通る時見たあのいかめしい門の所に「一般罹災民の診療に應ず」と書いてありその前に四五人の憲兵が立つていろ〳〵世話してゐる。あはれな人がどん〳〵かつがれて入つてつた。そこを通り過ぎて櫻田門に行く。右の木蔭には歩みつかれ數日の勞働につかれた人が病人のやうな眞靑な顏して寢てゐたのは實に悲慘であつた。自動車は靑々としたお堀について人の中を走る。日比谷についた時此れが帝都の眞中かとあまりの想像以上なのに驚いてしまつた。今でもまざ〳〵と見えるやうなのは、あのぢり〳〵と照りつける殘暑の中をかはいい小さな子供が繪葉書を賣つたり、中學生がマスクを賣つてゐる姿である。とても目をつぶつてゞなくては通れない程いたましい光景であつた。にはかこしらへの「水とん」「ゆであづき」などの店を出してゐて二旬前の丸の內ではない。くづれた石崖をつたつてお堀で洗濯してゐるかと思ふと、その隣には行水をしてゐる人もある。日比谷のまはり一帶警視廳、帝劇、稅務署、朝鮮銀行、日清生命、專賣局等燒け內外ビルデイングはめちや〳〵になつてゐる。あの天井の下には何百人の人がつぶされてゐるかわからないさうだ。郵船ビルデイングは二階がこはれてゐるだけで東京驛を中心にした少しばかりが燒け殘つて物すごく立つてゐる。西洋館の燒けのこりは窓のまはりが黑くなつてまるで廢者が口をあいてゐるやうな氣がして見上げる度にぞつとする。

先生は會社によつた。某所で一と休みしてガードの下を通つて新常盤橋に出た。本石町を通つて又燒跡を眞直に兩國橋のたもとに向つた。その途中木といふ木は皆燒けて葉といふものは一つもなく妙な感じがした。其所でバラツクをかげにして燒けたとたんをしいておむすびを食べた。其所に跡かたづけをしてゐた男が、一日の日の兩國橋の附近の身もふるへさうな悲慘な話をきかせて吳れた。そこで買つて食べた梨はとてもあつくなつてゐたのには驚いた。橋のたもとにはこもをかぶせた死體が山とあつた。兩國橋は人道が半分落ちてゐる。自轉車や車の燒け殘りの多いのもあの日のことを思ひ浮べさせる。橋を渡つて國技館の燒け跡を見て、今度の大災害に一番悲慘をきはめた被服廠をみようと思つたが、もう柵をめぐらして入れないといふので、遠くから、もう〳〵と立のぼ百萬の靈に囘向する煙を見て引かへした。その時は何んとも言ひやうがなかつた。

川づたひに南に出て村井銀行の所に出た。村井は外は何ともないのだが中はすつかり燒けてゐるさうだ。市役所前から電車に乘つて疲れた足を引ずつて家へ歸へつたのは三時頃であつた。家の中で考へてゐたのとは今度の震災を目のあたり見て想像以上だつたのに驚いた。

震災地をめぐりて

一昨日の朝勉强をすまして本を讀んでゐると、をぢ樣から兵隊が手紙を持つてお使に來た。手紙によると今日をぢ樣がつれて來た兵隊が中央郵便局を爆破するから江戸橋に來いと書いてあつた。お姉樣達は日本橋の方は始めてなので大喜び。爾津先生とお姉樣達と僕と四人で行く事になつた。市街自働車はこの前のやうな事もなく僕達にも乘れるやうになつた。通りも少しをさまつたやうだ。日比谷で下りて日本橋に出た。あたりは先日來たよりも大分靜かになつてゐた。村井の横に來ると憲兵と工兵が劍附鐵砲を持つて立つてゐて、後には人が一ぱい立つてゐた。爾津先生が工兵にをぢさんを呼んで吳れとお賴みになると「今、村井の中にいらつしやるから少しお待ち下さい」と言つた。間もなくをぢ樣がにこ〱して「よく來たね。上から見たらみいちやんの顏が見えたので大急ぎで下りて來たんだよ」とおつしやつた。「火をつけてから何分位かゝるの」とうかゞつたら「一分二十秒位だ」とおつしやつた。ラッパが聞える　側に仕事をしてゐた人が逃げて來る。兵隊も大急ぎで逃げて來る。ぱつと火が見えたと思つたらどうんとひどい響がすると又つゞいてどうんと爆發した。お腹の中までしみるやうな音だ。

茶色の煙で建物がどうなつたか分らなかつた。寫眞機を持つて來るとよかつたと皆が殘念がつてゐた。をぢ様が「側まで來てごらん」とおつしやつたので、爆破した物の上に乘つて見た。こはいやうな一寸愉快だつた。中に扇風機がこはれないで殘つてゐたのがをかしかつた。又ラッパの音が聞える。今度はすんだから休めと言ふ知らせださうだ。

安田銀行の跡まで歩いてそこでお薬しを食べた。男達はをぢ様のおべんたうを食べてしまつた。ガラスのとけたのをお母様にお目にかけようと思つてひろつた。午後からも又爆破するとのお話だつたが、あまり寒いので歸る事にして、をぢ様に御あいさつをして別れた。日本銀行前から電車で神保町に出た。お姉様のお友達の立退先を見ようと思つて其の方の家の跡をさがした。なか〳〵見つからなかつた。その内にパラ〳〵とにはか雨が降つて來たので水道橋に出る所だつたが九段上の方に急いだ。その時に如水館の側であはれな〳〵な小屋を見た。周りは穴だらけのトタンでかこみ、中は土間である。まるで乞食でも住みさうな家であつた。その中で子供が無心にたはむれて居たのは一層あはれであつた。神保町の側に二三台電車の焼けたのがあつた。九段上から見るとづうつと焼野原で、ニコライ堂が二つ残つてゐるのも何となく淋しい。靖國神社にはバラツクが立つてゐる。あすこの邊の人はまだ幸福だ。宮城前の天幕と神田で見たのとが一番ひどいと思つた。靖國神社は恰度お祭のやうににぎやかであつた。そこから電車で四谷見附まで來た。今まで氣がつかなかつたが角の洋館は見事に倒れてゐた。あれで怪我をしなかつたかしら等と思つた。昨日の嵐で避難民はどんなに難儀したであらう。一昨日見たあのあはれな様子、やつと出來た假小屋もあの强い風ではひとたまりもなかつたであらう。早くあのかはいさうな人達によい日の來るのを望んでゐる。

○大震災大火災日記

九月五日から思ひ出して書いた日記

尋四　松島正視

九月一日二日

今日から學校が始まるのだ。日高君と一しよ學校へ行つた。佐々木先生のお話に、今學期は大へんに勉强かしよい學期だとおつしやつたが、其の日すぐこんな事にならうとは思はなかつた。學校から歸つて來てお晝頃大きな地震が來た。子供はみんな二階の別々の部屋にゐた。大ねえちやんはお父さんの書齋に、小ねえちやんは二號室へ、僕は子供室へ、でこ坊はろうかにゐた。はじめに大ねえちやんが「わあじしんだ」とどなつた。僕は「自動車だよ」とどなつた。（註、ふだん自動車が通るとろちがゆれる。その時も貨物自動車が通つた後だつたんだ）その中はあまりゆれるのでこはくつて〳〵たまらなくなつたので、ろうかへ飛び出した。でこ坊はべん所へ行かうと思つて下へはしごだんから下りようとした時ゆれ出したので、ろうかのまん中で「わあ〳〵」とさわいでゐた。そこへ僕もとび出して行つて一しよにわあ〳〵と言つてゐる所へふじ曲さんが三がいから飛び下りて來た。ふじ曲さんは眠つてゐたのださうだが、地震で目をさましたのださうだ。ちいねえちやんは勉强してゐた時ゆれ出して三角とだながぶつたふれたのでおでこへこぶをこしらへてしまつた。そしてやつぱりろうかへとび出してわあ〳〵と聲を出してさわいでゐる中に、たんすがみんなたふれる。大きな本箱がたふれる。大へんになつた。大ねえちやんは日記を書きかけてとび出した。お父さんが急いで上つて來る。ろくじさんは藥簞をおさへてゐたが、急いで二かいへとんで來て、みんなでかざりついて靜まるのを待つてゐた。（註、かうなると大へん長いやうだが、本當はもつと長くないのだ）その中に少し靜まつたので外へ出た。そこへ又地震が來て兒玉さんかがたぐくるくゆれ出したので大急ぎで豐國銀行のふしんをするあき地へとび出した。中には一ぱい人がはいつてゐる。あまり驚いたのでいきが苦しくなつてハーくしながらろくじさんの足にかぢりついてゐた。そこには江口さんの方や、兒玉さんの方や、尾崎さんの方などが來ていらしつた。尾崎さんで水をもらつていらしつた。僕が二はいいたゞいたら金ちやんが「そんなに飲ませちやうと自分の飲むのが無くなつちやう」とおこり出した。その豐國銀行のあき地は實に安全な所だ。そばの電信柱かたふれるか、地がわれるかしなければ大丈夫だ。だけれど僕は氣が氣でない。ろくじさんの足にかぢりついたまゝ「地震にくはしい人はゐないかく」と言つてゐた。一寸地がゆれるとふるひ上つてしまふ。毎夕新聞の人が「報告が來ました。讀み上げます」と言つた。僕はほつと一息ついた。

の人は

「……震源地、東京南二十六里、……今の地震は……水平動四寸…………十二階が途中より折れて死傷者かさなる、…これだけです。」

と言つた。僕はわあーとばかり驚いた。其の内に地震がだん〳〵靜まつたので下駄や帽子を持つて來た。尾崎さんや江口さんではござを持つて來てみんなでしいた。お父さんは怪我人でてんてこまひだ。だん〳〵地震がこなくなつて來た。内からビスケツトと麥湯とを持つて來た。きたない手だがかまはないでむしや〳〵食べた。地震の時急いだせいか馬鹿に小便が近い。五分置き位だ。いやになつちやふ。つぶれた家から火が出たのだらう、永代橋の方から火事がおこつて、はこざき邊を燒いてゐる。さくちやんが歸つて來て「日本橋の小西の藥が爆發して小傳馬町までもえて來た」と言つた。中の橋あたりにもう火が來てゐる。空一ぱい煙が雲のやうにおほつてゐる。

何しろ四方が燒けてゐるのだもの。幸ひ風はこつちを向いてないのでたか見の見物をしてゐると、風がにはかに變つてこつちに吹きつけたからたまらない。煙と灰がどん〳〵やつて來る。僕と小ねえちやんとでこ坊は「お父さん〳〵」と泣き出した。

やがてお父さんが重要なものを入れたかばんを持つて來た。お母さんが後から來た。お母さんが重要なものを持ち、大ねえちやんがでこ坊をおんぶし、一先づよろひ橋の交番の所へ來た。そこでお父さんを待つてゐるとお父さんが來たので、すぐよろひ橋のたもとに荷物を下した。ねえやゝ、ろくじさんや、お父さんや兄ちやん、ふくぢみさん（註、ふくずみさんは、もとうちで書生をしてゐた人で、ぢしんがゆれるとすぐに、はたがやの自分のつとめてゐる工場からとんで來たのだ）たちは、うちと荷物を置いてある所を幾回となく往復していろんなものを出した。そのうちお父さんがポケツトからせんすを出してポンとなげた。それを僕がおびにさした。大勢の人がぞろ〳〵通る。着のみ着のまゝの人もあれば、荷物を車に一ぱい積んだ人もある。その光景はまさに生地獄と言へようよ。僕と小ねえちやんは「全く生地獄だねえ」と言つてゐた。そこへ歩兵が來た。隊長は劍をすらつとぬいてあすこだと言はぬばかりに火事場の方を指した。歩兵はよろひ橋をこえて、とつ〳〵と行つてしまつた。火の手は益々強くなる。その内に風が急にこつちを向いて吹いて來た。灰や火の粉がこつちへ落ち始める。火事が起つてから、どうしてこんなに風が變るだらう。そこへ兵隊が自動車に乘つて來てよろひ橋のきはまで來たが、紫の旗をふつて止れと合圖をした。

お父さんが近くによつて兵隊に、どこへ逃げたらよいだらうと聞いたら「もうこゝはだめです。

早く宮城か、麻布三れんたい方面へお逃げなさい」と言つた。その内にいよ〳〵火が近くなつたので、かやば町のしんばうさん（註、しんばうさんはうちの患者さんである）のお店へ行つた。さうしたらこぞうさんが「もうこゝはだめです」と言つたので、今度は坂本公園へ行き、木と木の間に荷物をおいてほつと一安心した所へ、おまはりさんが「もうぢきこゝをおつぱらうかも知れない。早く宮城か、麻布三れんたい方面へ避難」とどなつた。そこで僕は又しんばうさんの所へ引き返して、ふじ曲さんへお父さんを呼びにやり、お母さんと一しよに千代田橋のたもとの神田銀行の前に荷物を置いた。ふじ曲さんにお父さんを呼びにやつたのに、まだお父さんは來ないので、大ねえちやんを呼びにやつた。風はこつちを向つて吹いてゐる。火の粉がパラ〳〵落ちて來る。やがてお父さんが來た。お父さんが大ねえちやんがゐないと言つたので、どうしたのですと聞くと、しんばうさんの家まで一しよに來たのだが、といつた。小ねえちやんと僕は「大ねえちやん〳〵」と呼んだが來ない

外の避難者はどん〳〵逃げる。お父さんはずうつと先まで見つけに行つて歸つて來た。大ねえちやんとふじ曲さんとが來た。大ねえちやんはしんばうさんの所まで一しよに來たが、それからすぐよろひ橋の所へかへつてしまつたのだ。歸つた所が荷物のそばにみどりさんがボカーンとして立つ

てゐた。そこでみどりさん〳〵と呼んだらば「あゝこゝだつたよ」とみどりさんはよろこんだ。そこで大ねえちやんの後からすぐやつて來た。さうしてお父さんに「あき車がありましたからもつて來てあげませう」と言つた。お父さんはよろこんで「早速持つて來てもらひませう」と言つた。みどりさんは早速ほろのついた一台の車を持つて來た。始めその人力車にふとんを二ふろしきつんだが、お父さんがしよつて行くと言つておろした。そして外のものを三ふろしきのせた。お父さんはふとんを持つて行くと、しよつたはしよつたが、あまりかさばるので重くてしようがないのでおろしてしまつた。ふくずみさんに車をひかせて、外の若い人に荷物の番をさせ、外のものはてんでに持てる丈け荷物を持つて出かけた。日本橋から呉服橋までは何んでもなかつたが、呉服橋へ來るとやなせ自動車のうしろの方がもえてゐる。大手町のあたりがもえてゐる。おまけに火が隨分近いやうに見えるのでよけいにこはい。呉服橋は人で一ぱいだ。

こゝで行かうか行くまいかと隨分考へた。大ねえちやんが自分の近くにあるたるを何がはいつてゐるか一寸のぞいた所がその中にはすゐくわがはいつてゐたので悪いことゝは知り乍ら手をつき込んで食べてしまつた。よく見るとぎつしり橋にくわんづめのやうに人がつまつてゐるが、どうやらじり〳〵すゝむは進むやうだ。思ひ切つて車で押し別け〳〵とう〳〵東京驛の前からお堀ばたへ出たそして宮城前の廣場に行かうと思つて、がいせん道路の所へわり込んだが、ぎつしりつまつて前へも後へも動けない。とう〳〵そこで野宿することになつた。車をそこに置き荷もつを下して、みんなで腰かけた。僕は寒くてしようがないのでもう一枚着ものを着た。すると眠くなつたので、腰かけながらうと〳〵眠ると二時間位ぐうつと眠つちやつた。そして目をさますと眞夜中だ。しかし火事の火で非常に明るい、その內に又眠つてしまつた。一時間半ぐらゐして又目がさめた。赤坂の方面がぼう〳〵もえてゐる。又眠くなつたので寢ようと思つて目をつぶるとバーンといふ音がしたので目をさましてしまつた。バーン〳〵〳〵とつゞけさまに音がする。皆は地下室が破裂するのだと言つてゐた。(ほんたうはガソリンの破裂)

きふに誰かが「正視ちやん」とどなつたので、そつちの方をむくと、みどりさんが提灯を上げてゐるその側にふじ曲さんもゐる。しかしそこへ行けないのでそのまんまにしてゐた。ふくずみさんが行つて見たが分らない。その內に東がだん〳〵白み始めた。やがて火事の煙の中から日が出初めた。あまり氣持のよい日の出ではない。煙に反射して眞赤に日蝕見たいに見えた。みどりさんとふじ曲さんが僕達の方へ來た。みどりさんはすぐ水汲みに行つて、ビール瓶一本に水を入れ手拭をぬらして來た。それで顔を拭き口をすゝいだ。少しのパンと、へんな色のなし、皮のむけた桃、なま玉子、紙のついたせんべい、ビスケツト、すなだらけの燒きどうふに豆などで朝めしをすました。

外にごはんを食べない人がたくさんゐる。その人達とくらべればずつと僕らの方がよい。みどりさんの話では、ろくじさんが内にはいつてもつと取つて來ると言つて、又うちへはいつたのださうだそのうちだん〳〵火が近づいて來て、火の粉がもう雨のやうに降つて、來るので、あつくて〳〵てしやうがない。ろくじさんはまだ歸つて來ない。しかたなしに兄さんにろくじさんを待つてゐてもらつて、楠公銅像の前であひませうと約束をして、ふじ曲さんと二人で命からがら逃げて來た。しかし楠公銅像の所までなどなか〳〵行かれい。そこで馬場先門のがいせん道路の所を見るとそのはじつこの方があいてゐるので、もつたいないと言つて人をまたいでそこへ行つた。そこはじつこなのでみんなが子供の小便をたのむのでさしてやつた。こつちで小便をしてゐると向ふではその水をがぶ〳〵飲んでゐたさうだ。

みどりさんは人力車を目あてに方々見つけてゐた所が、そばの人力の横にお母さんがゐるのが見つかつた。よく見ると僕の顏が見えるので「正視ちやん〱」と呼んだのださうだ。「さういふわけだからちよつとぜんざうさんを探しに行つて來ます」と言つて探しに出かけた。しかし見つからないので又歸つて來た。それから又探しに行つたが、やつぱりわからないので、きつと靑山のろくじさんの所に行つたのだらうときめた。

お父さんはふくずみさんに「はたがやはひどくないか」と聞いたら、ふくづみさんは「あまりひどくありません」と言つたので、それでは一時井村のう病院へ避難しようあそこは病院だから米のたくはへもあるだらうから、食料に困りはしない。しかしつぶれやしないだらうか。お父さんはさう考へてふくずみさんにはたがやの井村病院にきゝにやらした。お父さんに井村病院までは往復何時間位かゝるか聞いたら、ふくずみさんのやうな若い人の足で往復二時間はかゝると言つた。僕はふくずみさんの歸る時間が待ち遠しくてしやうがないので「今何時〱」と聞いてゐた。僕は人力車の中で方々を見てゐた。その内に石垣のかげから一台の貨物自動車が出て來た。上には兵隊さんが乘つてゐる。さうしててんでに何にかをほうつてゐる。みんなはおむすびだと思つた。しかし何んだか四角いやうなので、おむすびを紙でつゝんであるのだと思つて、みどりさんとふじ曲さんに取りに行かせた。みどりさんは取りに行つたが取れないので歸つて來た。そして「あれはかたぱンだ」と言つた。そこへ半かけのかたぱんがおつこちて來たので皆んなで少しづゝ食べた。僕はかたいからよした。

お父さんはみどりさんに「小林さんの方へ行つてぞうりを買つて來てくれ」とたのんで、赤坂の方へ行つてもらつた。おなかがそろ〳〵すき始めたので、甍飯にしようかと言つてゐた時（註、甍飯といつても朝が早いから十時半ごろ）えいちやんが僕らをたづねて來た。（註、えいちやんといふのは田舍の知り合ひの人で、ろくじさんと同じ所にとまつてゐる。）そして一つのすゐくわを置いて出かけて行つた。さてこのすゐくわをどうして食べようかしら。とお父さんは七分位の長さのナイフでづうつと上から下まできり目をつけふたりできりめへてをかけ、うゝんとひつぱると、パーンとわれたので、かたつぱうにかみをのせ、かたつぱうをくわんのふたですくつてたべた。ひじようにうまい。

車に乘つてゐたら職人風の子供をおぶつた人が來て、いきなり、下りてくろ。下りてくろ。」といつた。僕はびつくりしておりた。その人は腰かけの下にいれてある金庫や何にかを出して「困りますねえ、人のものを持つて來ちや」と言つた。それでお父さんが「これ〳〵かういふわけで」と話したらその人が「これにはたくさん荷物が乘つてゐたはづです。」と言つた。お父さんは「いや斷じてそんなものはなかつた。」といつて「あなたは何といふ方ですか」と聞いたら、その人は「わたしは井上といふ車屋のやとひ人です」と言つた。お父さんは名刺を出して「わたしはかう言ふものです」と言つたらその人は「あゝ、松島さんですか」といつてどつかへ行つてしまつた。

その內にふくずみさんが同僚をつれてやつて來た。さうして「井村病院の方は事務所の方の二かいがすいてゐるから、早く來て下さい」と言つたから、「すぐ行きませう」と言つて、にぎりめしと、牛肉のやまと煮のくわんづめと、梨を出した。みんなはうまい〳〵とほゝばつた。僕も食べた。頰ぺたがどこかへとんでいつちまうほどおいしい。そこへえいちやんが歸つて來た。

さて此の荷物をどうしようといふだんになると困つてしまふ。車はもう主人がわかつたし、手にもつてはみんな持てない。若い人は「何あにかまはぬ、引つぱつていつちまへ〳〵」と言つた。みどりさんも歸つて來て「かまはない。ひつぱつていつちやい〳〵」とすゝめるので、全體の荷もつをつんでみんなのおびでしばり、えいちやんとふくずみさんと、友だちが車をひいて、みどりさんがでこ坊をおぶつて出かけた。東京會館はもう一つゆれたらがら〳〵とこはれさうだ。帝げきの前を通つたらまだげんくわんの方がもえてゐた。三宅坂から參謀本部の方へ行く途中で、山口さんにあつた。(註、山口さんはおほねえちやんの友達で、うちのくわん者さんである)一しよに行くと參謀本部の方から三越の店員で、うちの知り合ひであるいとうさんが車をひいて下りて來た。そして「どこへいらつしやるのですか」ときいたのでお父さんが「いやちつとはたがやの井村病院の方へ行くのです」と答へたらいとうさんは「あなた方は行く所があるからいゝが、私たちは行く所がなくて困つてゐるのです」と言つて坂を下つて行つた。

すこし行くと、赤坂の所はまだしきりにもえてゐた。それから車につんだ一つの大きなふくろが出つぱつて車のわの上からおしつけるので一ぺん下してやつて見たが、うまくいかないので、又みんな下してやり直した。何べんも〳〵もやり直してうまくのせ、靑山の日高君の家の前を通り、明治神宮の參道のそばやの側に車をおいて、お菓子を食べたり何にかして休んだ。えいちやんは自分が下宿してゐる所へ行つて、兄ちやんとろくじさんをつれて來た。ろくじさんの話によれば、ろくじさんはうちへ荷物を取りにいつて、なか〳〵かへつて來ないので、みどりさんとふじ曲さんは先に行つて楠公銅像の所で待つてゐると言つて出かけて行つたので、兄ちやんはろくじさん一人殘して行くのも出來ないので歸つて來るのを待つてゐる所へ、ろくじさんは荷物をもつて歸つて來たので、持てる丈け荷もつを持つて、あとはとたんを周りにやつたりしておいた。さうして楠公銅像の側からお堀をこえて向ふがはの堀のはたの松の下やなにかを探したけれど、どうしても見つからなかつた。しかたなしに青山の方へ來て（註、青山に來たのは一日だか二日だか忘れたからそのつもりで）二日の朝いつて見た所が、とたんや何かをおいたり何かして置いた荷物は後かたもなくなつて、呉服橋あたりに死がいがたくさんころがつてゐたさうだ。すぐひき返して青山へ來たのだ。ところへさかえをぢさんもいらしつた。をばさんがはしごだんから落ちて足をくじきなさつたのださうだ、そこで兄ちやんの荷物をみんなそつちへあげて、みどりさんはさかえをぢさんのうちにゐることにして、ずうつと參道から神宮裏に出て代々木練兵場を横切つた。その途中で車が後へたふれたので、ふくずみさんの友達はつり上げられてしまつた。ふくずみさんの友達はすぐとび下りた。そしてみんなそうがかりでやつと車をおこし、荷物をちやんと直した。僕やねえやゝ、ねえちやんやお母さんやでこ坊は、さきにぶら〳〵でかけた。その中に殘つた若い人は荷物をつみあげて車をひいて來た。

明治神宮の裏から電車線路をつたはつて行く。電車線路にはまだ人が戸板や何かをしいてすわつてゐる。やがて井村病院の院長さんの住宅の裏木戸へ着いた。井村さんでもへいのそばに戸板をしいてその上に毛布をしいて避難していらしつた。そこで僕らは足を洗つてそこへ上つた。井村さんでは僕らにおむすびのやいたのを下すつた。僕はおいしいので五つもたべちやつた。

さうして皆横になつて眠つた。僕は眠れないから、ふじ山さんと電車通へ出た。電車通では大ぜいの人が、「朝鮮人の暴徒が爆弾をもつてせめて來るから用心しろ」と言つてゐた。又朝鮮人が來るといふしるしにがーん〳〵と半鐘をたゝいてゐた。その中にお父さんや何かは目をさました。井村先生もいろ〳〵話しはじめた。だん〳〵暗くなつたのでろうそくをともし、ひさし振りでお茶わんでごはんを食べた。井村先生がお父さんに「あなた方は外でねますか、うちでねますか」ときいた。お父さんは內でねますと言つた。僕はうちでねるのが本當はこはくてしようがない。

お父さんが、もし地震が來たらこゝからとび下りるのだなどといろ〳〵の事を敎へて下さつた。外のものはみんなふとんにはいらして、僕とお父さんと二人でお話をきゝに行つた。井村先生の二男のこうすけさんが錦糸堀の工場から歸つていらつしやつた。途中で朝鮮人とまちがへられてつかまへられたさうだ。しかし名刺を持つてゐるからそれを出して許してもらつたのださうだ。井村先生がかやの中でねころがつてお話をしませうとおつしやつたので、お父さんと僕はかやの中へはいり、ねころがつてお話をきいてゐる中にねむくなつたので、このまゝ眠つてもよいけれど、ねしようべんをするといけないと思つて、外へ出て小便をし、又はいつてお話をきいてゐた。そのうちに先生が「どうだ、こゝへねないか」とおつしやつた。お父さんが「こゝへねるか」と僕にきいたので僕は「えゝ」と言つた。こうすけさんは夜警をすると言つて外へ出ていらつしやつた。僕は久し振りで安らかな眠りについた。

○ あゝ夢の間

尋六　岩　崎　國　郎

（一）

今から指折り數へて見れば一ケ月以上も立つてゐる。

九月一日だ。此の九月一日は忘れようとしても忘れられない日となつた。

此の九月一日午前十一時五十七分の地震は古今東西に亘つてまれなる強震であつた。

僕は丁度此の時晝食に向はんとしてゐた。

僕は座を立ち路ぢに逃げたが、瓦や壁土が頭の上へどん〳〵と落ちて來るので、こは大變と再び家の中に逃げ込んだ。

僕が家の中へ飛び込むと殆んど同時に、隣の家の西洋館の壁がどしんと大きな音を立てゝ落ちた。僕はこの時神樣に手を合せた。

「あゝもう命はない」

とあきらめてゐたが、そのうちにやつと止んだ。僕は

「さては神の助けだ」

と思ひつゝ、急いで表へとかけ出した

（二）

表へ行つて見ると、もうみんな表へ出てゐて、父等は

「どうしたい」

等とおどろいてゐる。

僕はやう〳〵むねをなでおろしたが、それも一寸の間であつた。家ではくわん者を出すやら、機械を出すやらで上を下へのさわぎである。

でも家は感心につぶれなくて壁が落ちた位で、あとはなんともないのであつた。かんごふ、書生、車夫、女中等はおそうぢをやつてゐる。父母はいそがしさうに荷物をまとめてゐる。外ではけが人がたくさん出來て父もいそがしい。その中に又も二度目のがやつて來た。急に家々がゆれた。僕は思はず川並木につかまつた。母や近所の人もゐた。僕はもう生きた氣持はしなかつた。そばでは「なむあみだぶつ〳〵」などゝいつてゐる人もゐる。

（三）

すると南洋貿易株式會社の壁がたふれる。電車は脫線する。電線は切れる。とても〳〵濱町の街はひさんの町となつたのである。

やうやく地震もやんでいゝと思ふと今度は又たれかゞ
「火事だ。〳〵」

と言つた。そしてそつちを見ると本石町方面だ。人のいふにはコークス工場だといつてゐる。僕は、

「何んだ。コークス工場だからよくもえるんだ。コークスは火をたきつけるためにつかふものだ」

といつたら、近所の人が笑つた。その中に又近所の人が
「火事だ。〳〵」

といつた。又火事かとがつかりしてそつちの方を見ると洲崎方面だ。すると家の車夫が
「あすこは水天宮のこつちだから杉村ぢん兵さんのところらしいね」

といふと、書生が、

「いやちがふ。杉村のそうこだよ」

等といつてゐる。

そのうちに家へいろ〳〵の人がみまひに來るが、みんな

「濱町はあぶないく〵」

と言つて行く。僕はそのたびにずゐぶんおどろいた。そのうちに又、たれかが
「あれは火事らしいね」

と言つた。僕はその方をむいて見ると森下方面だ。そのうちに人々が、

「あれは火事だ。く〵」

といつた。その中に森下方面のけむりはすごくなつた。いよ〵火事だ。

するると間もなく、石灰會社が火事だと三階にゐる書生がいつた。僕はおどろいて三階へ上つて見ると、なるほどよくもえてゐる。これではとてもじようきぽんぷ位では消えないと思つた。

その中に火はだん〵方々の町から町へうつつて、いよ〵濱町にせつきんして來る。濱町だけが後に殘つた。

（四）

そのうちに僕のうちに火がついた。それはとび火だ。父はすぐにみなに命じてそれをけさしたが、小さい火だからすぐにきえた。濱町の人はみな久松けいさつに逃げたのである。

父は「もうあぶないからお前は大塚に行け」といつた。僕は親るいの花子さんと二人で父母にわかれてさきに出た。さきへ出たはいゝが、さあどこへひなんしていゝか分らない。
僕「こまつたねえ、花子さん」
花子「あらまあ、火はあんなところよ」
みれば見るほど心細くなる。
僕「あゝわかつた。花子さん。東京驛へ行つてそれから省線電車で大塚驛までゆかう」
花子「だつてゐんせんある」
僕「あるかなあ、でも行かう」
花子「そうかしら」
僕「だつて省線さへ通じてればしめたもんだよ」
火はだんだん近づいて來る。僕はひつ死のかくごで東京驛に向つた。手には重要書類をにぎつてゐる。
だんだん話をしてゐる間に白木屋の前まで來た。來たはいゝが、さあどつちへ行つたらいゝかわからなくなつちまつた。

（五）

「東京驛だ〳〵」

早く東京驛につきたいと心はせいてゐるが、なか〳〵そう早くは走れない。

僕「なんでもいゝからこつちだよ。こつちへいけば呉服橋へいかれるんだから」

花子「でも大火の方へいかない」

僕「大じようぶだよ。安心しろよ」

と言ひながら呉服橋まで來たが、ひなん者がぞろ〳〵後からくる。白木屋の前を通る時に、白木屋

とわかれの言葉をかけて來た。

名殘をしき
白木屋よ
またはいつか
あへるだらう。

おれのだいすき
白木屋よ。
もう火の中に
つゝまれて
たゞの一人と
なつたのか。
あゝかなしき
白木屋よ。
さらばよ。しつけい。

（六）

やうやくのことで東京驛まで來たが、どこへ行つていゝのか分らない。
僕「あゝ、のどがかわいたなあ」
花子「そうね―」

するとそこにゐた驛夫に聲をかけた。

僕「ちよつとすみませんが、こゝいらに水をくれる所はありませんか」

驛夫「東京驛內にあります」

僕はよろこんでそこへ一さんに走つた。

やつとのことで水けのめたが、さあこんどはどこが一番安全地帶かさがさなければならない。何しろ女の子と男の子と二人だからようゐのことではない。

また驛夫にきいた。驛夫のいふのには、

「まあこゝが一番安全地帶ですねー—。まわりから火が來ても東京驛がもえさへしなければ、丸の中はもえませんから、それで汽車でも通じてれば大塚まで行けますが、汽車も電車もありませんから。それで男の子や女の子二人きりで、もしものことがあつたら大變ですよ。まあこゝにゐらつしやる方が一番安全ですね——」

僕「そうかなあ。それぢやあすこの大きい木のそばにゆこう」

驛夫「えゝ、あすこなら大丈夫です。大きな地震があつても、木の根があるから。又火事でもあすこまでは來ませんからね――」

驛夫「ほらごらんなさい。あすこへあんなにひなん民が、先を爭つてあの大木のきんじよへゆくではありませんか」

（七）

僕はもう決心した。

僕「よし、もう死んでもいゝ、花子さん、あすこの大木の所へ行かう」

僕は勢よく言つた。そして

「どうも有りがたうございました」

と、親切な驛夫に禮をしてわかれた。

そこで大木の前まで來たが、ひなん民でうづまつてゐる。そこでよこを少しあけてもらつて、やうやくのことでそこへ腰を下した。

（八）

重要書類をとられては大變と、かたわらにおいて二人で火事のもやうを見た」

やつぱりいくら見てもやみさうもない。僕は

「こゝもあぶないなあ。もうあんなに火の手はまはつた。丸の中は火にかこまれてゐるのだなあ」

と思つた。たゞ逃げ道といふのは新宿の方面だけだ。

その内二人は早や火事の話となつた。するとそばにゐる人もやつぱり火事の話をしてゐるやうだつた。

空を見るといやな雲がわく／＼とういてゐる。あれが積雲とでもいふのだらう。方々にある雲までが火事を起さうとしてゐる。

そのうちに警視廳がもえ出した。それと共に人の叫びごいがきこえた。

「警視廳がほらもうもえ出したよ」

みるとその方面から煙がどん／＼上つてゐる。よく／＼見るとそれはまさしく警視廳だ

（九）

ちようきぽんぷが水を一生けんめいかけるが、なか／＼消えさうもない。時々「どどどん／＼

どん〳〵〳〵」と、むねが落ちる音がする。人々の胸をおどろかす音である。

あゝ警視廳も落ちたのか、しまいには「どー――ん」といつた。その音に人々はあたりを見廻した。そして、

「おや、今のは地震ぢやないかね」

となどいつてゐる人もあつた。

その内に夜となる。僕の目も少しつぼみかける。

「あらまだもえてるね――」

おもはず目がさめた。時計を見ると今十時半だ。

「まだ早いんだなあゝ。早く朝になるといゝがなあ」

と思つてゐるがなか〳〵夜があけない。通りはまつくらであるが火事の火であかるい。

（十）

そのうちに僕はいつか目をとぢた。

通りでがや〳〵するのに目がさめて、思はず大あくびをした。もう火や煙は見えない。

僕「あゝよかつた。これで大塚へかへれるねえ」

僕「さあ、それぢやすぐ大塚へかへらうよさー」

花子「それでも顔をあらいに行きませうよ」

僕「どこであらふの」

花子「東京驛のせんめん所へ行つてあらひませう」

そこでそばにゐた小僧さんに荷物をあづけて、せんめん所へ行つてかほをあらひ、便所へ行つたりして又もどり、すぐ樣神田橋へと向つた。

火はたいていもうきいてゐるが、まだもえのこりがある。

こうして行くうちに內務省や外務省などを通つて大藏省の前を通つたが、たゞ殘つてゐるものは金庫だけだ。金庫はちやんと番兵が番をしてゐる。

そうしてやうやく神田橋まで來たがはや橋は落ちてゐる。そしてまだすこしもえてゐてわたれそうもない。

「とても煙い〳〵ねえ」

僕はあまり煙いので思はづ聲をあげた。

又もやひきかへして、やうやくのことで東京驛の賣店で菓子等を買つてもとの木へ行つて食べたがなかなかうまい。昨日の夜も食べないのだから、はらがぺこ〳〵だつたのですぐにたべてしまつた。

そうしてゐる間にいつしか二日の朝となつた。

僕は知りあいの人がぞうしがやまで行くといふので、一つしよに行かうといつて一つしよにつれていつてもらつた。そしてごこく寺のそばまで來た時、神のたすけか、むかふから先の友だち（次郎君）が來た。

僕はすぐ友だちに家まで一つしよに行つてもらつた。が、もう家に二人でついた時は、なんの氣もなしに、

「あゝ、實に夢の樣だな――」

といつた。みなも、

「ほんたうに」

といつたきりであつた。

○ 東京附近大正大震火災

尋六 山内貞子

九月一日、あゝ此の日は、東京市民、いや東京市民ばかりでなく日本全國の人々にとつて永久に忘れられぬ日である。もう五六十年もたつた後にも九月一日の日が來たなら、日本全國の人々が、「あゝ、今から五十年ばかり前の九月一日は、東京附近に大地震のあつた日だ」と思ひ出すに違ひない。

如何なる神の悪戯であらうか。

下町方面の人々は、親にはなれ、子にはなれ、一晩の中に絶望のどん底におち入つた人はどんなに大勢居るかわからない。死人もずい分あつた。

けれども此の死人は半數は焼死であらう。

本所被服廠では三萬何千人か死んでゐる。

私は後で弟たちと被服廠跡を見に行つたが、着物の焼けこげた跡など棒でひつくりかへして見ると、手の指らしいものが眞黑になつて三四本出て來る。又、弟は、頭の肉が半分くさつてとれてしまつた白骨のあらはれてゐるのを見たさうだ。

だから川へ飛込んで死んだ人は何人ゐるか分らない。

これから、地震で私がどんな事をしたか書いて見よう。

私は學校から歸つて來て二階で本箱の中を片附けてゐた。すると急に家ががた〳〵とゆれ出したのではじめは少しおどろいたが、やがて地震だと思つたからきつといつものぐらいだらうと安心してゐた。けれども地震はいつものぐらいではない。がた〳〵〳〵とます〳〵强くなつて來たので、さすがの私もおどろいてあわてゝ緣側に飛び出した。そして階下へおりやうとしたけれど、はしごがぶら〳〵になつてゐるので降りられない。私はもうかうなればつぶれて死んでもかまはないと心を決めてしまつた。

見てゐるとお向ひの飯田さんのお家のかはらががら〳〵と落ちて來る。

やがて地震はやんだ。幸にして家はつぶれなくてすんだ。私は喜んで夢中で階下へおりようとしたが、はしごのぶら〳〵なのに氣がついた。それで二階からおほごえで「助けてくれ。助けてくれ」とどなつた。するとお父様と達ちやんと書生がやつて來てはしごをなほしてくれた。其の間にもう一度ゆれかへしが來た。やがてはしごがちやんとなつたので大急ぎで下へとんでおりた。

階下はもう壁土で大へんである。やつと外へ飛び出した。女中は私の姿を見ると喜んで、「もう貞子様は死んでおしまひになつたかも知れないと思つてゐました」と言つた。私は「いやだ!! 家がつぶれなければ死にはしないよ」と言つて笑つた。

その内に近所の人々も三善のうちの空地へ逃げて來られた。ふと東南の空を見上げるとはるかに黒煙が立ち上つてゐた。私は、「あゝ火事だ、火事だ」とさけんだ。黒煙は刻々とひろがり、火事をこはがる私はたゞこはくてたまらなかつた。けれど遠くらしいのでいくらか安心した。

すこし立つと巡査が來た。達ちやんが、

「火事はどこですか」

と聞いたら巡査は

「こゝいらでは砲兵工廠と江戸川終點だけだ」

と言つたので、すつかり安心した。けれども達ちやんのうちは日本橋であるので心配さうに
「日本橋の方はどうです」

と聞いた。巡査は
「日本橋は大變だよ。本石町方面からも鐵砲町方面からも火が出た」

といつたので、達ちやんはびつくりして
「や、これは困つた。家からは鐵砲町まで近い。ではすぐかへろう」

と帽子をかぶるひまもおそしとばかりとんで歸つた。

其の中に何とも言へない變な雲がもく／＼と湧いて來た。ちやうど、綿をちぎつてはつけちぎつてはつけたやうな雲である。

みんながわい／＼さわいで見てゐた。

すこしたつとみんなそろ／＼おなかがすき出した。するとお父様がれんぐわでかまどをお作りになつたので、そこで御飯をたいた。

けれど食糧品がなくなつたら大變だといふので、お茶碗にたつた二はいと福神漬を二かんあけ、梅ぼし一つだけであつた。けれどずい分おいしかつた。

御飯がすむと私は女中とらうそくを買ひに行つた。けれどどこの店にも一本もない。失望しながら家へ歸つて來ると、お母樣が

「なかつたの。でもうちの中を方々さがしたら新しいのが二本と、もえのこりが三四本ほどあつたから今夜はこれで間にあはせませう」

とおつしやつたので、やつと安心した。

廣場へ籐椅子を七脚出して皆が休んでゐると達ちやんが郁ちやん達をつれてうちへにげて來た。

私がせきこんで

「まあ、燒けてしまつたの」

と聞くと郁ちやんは息をはづませ乍ら

「えゝ、そうよ。はじめ、ねこいらずねこいらず發賣店のうちから火が出たの。それが家へうつたのよ」

と言つてそばにあつた椅子にかけた。

私は何んといつてよいか分らない。たゞ一言

「こはかつた？」

と聞くと

「えゝ、こはかつたわ」

と、たつた一言答へるのみである。

家の中では大變である。お母様が

「燒けるかも知れないと、こちらでも心配してゐたんですよ」

とおつしやると、お叔母様が

「まあ、ほんとにとんだ目にあひましたね」

などと、聲高に達ちやんに話しかけてゐらつしやる。

まだ晝飯もすんでゐないと言ふので、形ばかりの食事をすませた。

日は全く暮れた。東南の空は眞赤である。

私等はテーブルをかこんで郁ちやん達の話をきいた。その話はかうである。

郁ちやんたちは、女中に御飯にいらつしやいとよばれたので、皆で階下におりかけると、急にがたがたゆれ出したので驚いて途中から飛びおりたのださうだ。すると壁が落ちて來て、目をあけてゐることが出來ないので、目をつぶつて四つ這ひになつてゐた。

すこしたつと地震がやんだので縁側に出ると、土藏の壁がすつかり落ちた。あまりのことにぼんやりしてゐると、ふいに誰れかが

「火事だ。火事だ」

とさけんだので、はつと氣がつき、一散に二階にかけ上り、自分の時計とお母様の指環などひつかゝへて下へかけおり、書生と一しよに又二階へあがり、着物を出した。するとそこへお父様があがつていらつしやつたので、重要書類やお位牌などを小さいかばんにつめ込み、又、毛布二枚ばかりを入れた。すると又ゆれかへしが來たので、書生が

「郁子さんはあぶないから下へおりていらつしやい」

といつたので、郁ちやんは下へおりたのださうだ。其の時にはまだあたりには火の粉一つ落ちて

來なかつたので、近所の人々は笑ひながら
「そんな事はしなくても大丈夫だ」
などすまし込んでゐたのださうだ。
けれど郁ちやんのお母様はせつかちなので
「でも、もし火がまはつて來たら大變だから」
と言つて一心に荷物を車につんでいらつしやつた。やがてつみ終つた時に巡査が
「こちらへも火が來さうだから、そろ〳〵逃げる用意をしろ」
と言つて來たので、近所の人達はあはてさわいで逃支度をはじめた。
二三分たつともうあたりには火の粉が雨のやうに落ちて來たので、書生を一人のこして、すぐ神田驛のガードの下へ行くことにした。
ガードの下へ行つた所が、ガードにはもう避難民で一ぱいであつたさうだ
こゝなら安心、火は來まいと思つて休んでゐると、家から急いで歸つて行つた達ちやんがガードへさしかゝつた。郁ちやんは達ちやんとよく似た人なので、大きな聲で

「あれ達兄さんぢやないの」

と言つたので、達ちやんがふりかへつた。

そこで郁ちやん達は、家か燒けるかもしれないといつて、燒ければ書生が來るはづだ、けれどこない所を見ると、まだきつと燒けないのだから見に行かうと立ちかけた時、書生が一心にかけてすて、

「もうだめです。とてもだめです」

とあへぎあへぎ言つたので、皆は、ではどこへか逃げなくつてはといふので、家に逃げることにしたのださうだ。

逃げて來る途中はまるでむし殺されさうにあつかつたといふことである。

やがて郁ちやんの話は終つた。郁ちやんは終りに

「あゝ、私は九月一日といふ日は死んでも忘れないわ」

とつけ加へた。

夜はしきりに更ける。

空には半月たゞ一輪。此の世の慘劇をも知らないやうにさびしく光つてゐた
少しねむたくなつたので、今度出來た三畳のうちへはいつてねることにした
夜が更けるにつれて空はます／＼赤く、ほんたうにものすごい。
夕方から大久保のおばあ様のところへお見舞にいらつしやつたお父様もまだお歸りにならない
今は一體何時ごろであらう。
こはいのでほんたうにねむれない。十分間程とろ／＼しては又、目をあけ、空の色を見る
餘り眠られないので廣場に行つた。
廣場には花園さんや、お向ひの飯田さん達が戸板をしき、その上に一枚うすべりをしき、そこに夜具をかぶつたり着たりして不安さうに話つてゐらつしやる。
三十分程するとお父さんが歸つてゐらつしやつた。私はたゞうれしかつた
お父様は私に
「おや、まだ起きてゐるのかい」
とおつしやつた。私は

「だつて火事がこはくつてたまらないからどうしても眠られないの」

といふと、お父様は、

「はゝ、火事は大丈夫さ、もう江戸川の終點のも消えたし、砲兵工廠だつて其うちには消えてしまふだらう。もし竹早町ぐらいまで燒けて來たとしても、茗荷谷などは高臺だし、あたりには樹木が大分多いから、容易には燒けまい。だから安心しておやすみ」

とおつしやつたので、私は
「ではお父樣、もし火事が近くなるやうであつたら、きつとおこして」

と言ひながら家へはいつてねた。けれどやつぱり氣になつてまんじりともする事は出來ない。外でだれかがちよつと大きな聲を出すと、はつと胸をさかれてぱつちりと眼をあいてしまふつ怖の內に夜は明けた。私は夜が明けると、昨夜のこはかつたことも忘れて江戸川の方へ行つて見た。

石切橋のたもとまでは、皆がかやをつつたり、むしろでまはりをかこつたりして昨夜のものすごかたとなどを語つてゐる。奧の方には五才ぐらいの男の子が、きたない手で、おにぎりをおいしさうにぱく〳〵食べてゐる。

これらのことを見ながら家にかへりかけた。松平樣の御門で九段の方面をはるかに望み、あゝ、早く火事が止んでくれゝばいゝとそればかり心に思つてゐた。

家へ歸つて見ると親類の書生が御飯を食べてゐた。わけを聞くと、郁ちやん達は安全に家へ逃げて來ることか出來たけれど、郁ちやんのお父樣やお母樣は、郁ちやん達と別れてしまつて神田橋の へ逃げたら、そこへ火が來たので、こんどは常磐橋の方へ逃げ、さて安心と思ふ間もなく火が來たので、今はもう絕體絕命で東京驛の中へ逃げ込み、やつと安心したと思つたら、急に空腹を感じ、ねても立つてもゐられなくなり、賣店へ何か食物はないかとさがさせたのださうだが、何一物ないといふので、すつかり悲觀し、では家へ來るより外はないといつたけれど、あまりおなかがすいたので家まで來る勇氣もなく、どうすることも出來ず、困り切つゐた。けれど、いくら困りきつたところで仕方がなく其の中で一番元氣のある書生が家へ食物をもらひに來たのださうだ。やがて書生さんは御飯を食べ終り

「生れながら私はこんなに御飯のおいしいと思つたことはありません」

と嬉しさうに言つた。

それからすぐに女中二人と伯母様お母様とでおにぎりをこしらへはじめた。そしてそれを大きなお重箱の中へ入れて、外にサイダー五六本を用意し、お父様と書生さんと家の書生とで持つて行つた。

あとで郁ちやんのお父様たちがいらつしつて
「おかげで、やつと助かりました」

とおつしやつた。

それから少したつと、消えてゐるけれど大きな燒けた紙がお庭へどん〳〵落ちて來るのでずい分心配した。お父様は平氣で
「なあに、消えてゐるから安心さ」

とおつしやつたけれど、萬一の時の用心に、貯金の通帳や、印ぎよなどを小さな手さげかばんの中へ入れ、又、私達も一枚の着がへとネルの寢卷とを學校のかばんの中へつめこみ、もし逃げるやうになつたらといふので、お辨當箱の中にすぐお飯が入れられるやうに用意してゐた。けれども大

ていは大丈夫さうなのですつかり安心してしまつた。

夕方五時頃になると鮮人が火をつけるから皆でよく用心してくれとか、井戸の中へ毒薬を投ずるから井戸にも番人をつけておけとか、どし／＼方々から言ひつたへる。私はびつくりしてやつと火事で安心したかと思つたら又鮮人で心配させられるのかと、つくづくいやになつてしまつた。

夜になつた。空は昨夜のやうに眞赤だ。

今夜は火事と鮮人におびやかされるのだと思ふと、あゝ、どうしてこんなことになつたのかと天をうらみたくなる。

夜は私も太い櫻の棒を持つて時々外へ出た。すると夜警の男が

「女の子まで夜警をするとは世の中もずい分かはつたものだなあ」

と言つたので恥かしくなつて、もうそれからは外へは出なかつた。

二日の夜は思つた程恐ろしくなかつた。

三日、四日と日がたつにつれてだん／＼皆の心も落ちついた。

五日の日に大久保の叔父樣がいらつしやつた。そして前から心配してゐた松田さんのおねえさま

達の消息があつたが、叔父様の話によると、鎌倉でたうくゝ亡くなられたそうだ。多分壓死と燒死と兩方で、地震が來るとすぐ家がつぶれたさうだ。ちようど旅館にとまつてゐらつしやつたので、すぐ火が出て、まだすつかり死に切れないうちに燒死されたらしいと旅館の主人は話つたといふ。

私はほんとうに氣の毒に思つた。

まだ書きたいことはいくらでもあるが、あまり長くなるからこれくらいにしておかう。けれど終りに書いておきたい事は、我々はこの大災にあつたとて、決して悲觀するには及ばないであらう。又、東京の主要地が大部分燒けてしまつたとて悲觀するには及ばない。

此の次には世界に輝く理想的な新東京が立派に出來上るであらう。此の理想的な大東京にするのは、我々の責任であらうと思ふ。男女共に一心になつて働き、前東京に勝る新東京にすることを心掛けなければならぬ。

同情

○ぢしんとくわじ

尋二　安藤晶

九月一日に僕が學校からかへつて、うちのべんきやうをすましして、おひるをたべて居た時、大地しんが起つた。どうじに火じもおこつてゐました。その時はおかあさんだけはにかいにゐて、いろんなものをかたづけてゐました。ぢしんがゆれた時中學五年の兄さんが一人でおにはにとびだしました。するとお父さんが大きなこゑで「ばか」とどなりました。すると兄さんがはだしのまゝはひこんで來ました。

それからちよつとたつたら、屋根の上からかはらがおちて來ました。お父さんは、兄さんに「今おにはにゐたら頭におつこつたぢやないか」と言ひました。お母さんがにかいから下て來るまへに、おこととかゞみがたふれて、おりやうと思ふと、かべがおちてしまつたさうです。お母さんはかべの上を通つて下へおりて、皆でごはんを、たべようとしたけれども、ねえさんだけは、どうしてもたべられません。なぜだといふと、こわくて〳〵たべられないのださうです。ごはんがすむとみんなでえの木の下にゆきました。それから二日えの木の下にゐました。

一日の日にきたないなりをしたお父さんとお母さんが子供二人をつれて、みさき町からにげて來たのでありました。お母さんはその人に氷ときものを上げました。その人はおれいをいつてよろこんでゐました。それから五日の日きようばしのとよちやんが内にきて、七日ぐらゐとまつてゐました。二日めのばん、ひでちやんが來ました。ひでちやんは、うちでごはんをたべて「これから小田原へゆく」といつて、すぐかへつてしまひました。その明くる日よこはまから太郎さんが來ました。太郎さんは内でごはんをたべて内でねて、あくる日のあさかへつてしまひました。とよちやんはゐなかへいつてまだ一ぺんも來ません。

くわじはとう〳〵つけびだつたことがわかりました。それらから一しゆう間ぐらゐ、やけいがありました。くわじは五十時間ぐらゐつゞいて、東京はほとんどもえてしまひました。僕はえの木の下で「こんなめにあつたはのははじめてだ」といつたら、おとうさんが「お母さんだつてはじめてだ」といつてわらひました。犬のぽんも小さくなつてこわがつてゐます。（九月二十一日）

○やけ出された人

二年　西山浩太郎

あの大へんのかじじしんでやけだされた人が、ぼくのうちにきてもんのところに、たゝみをひいてすわつてゐます。おばあさんに、おかあさんに、あかんぼと、おとこの人が二人です。かはいさうだから、しをせんべいやおかしをやりました。その人はしんせつで、きのふも、じどうしやのねぢがとれたのを、じぶんのうちのやけたねぢで、ちやんとなほしてくれました。一人の男の人は、どこかへいつてしまひました。わたくしは、その内の人のあかんぼをあやすと、あかんぼはわらつてゐます。私たちは、かわいさうな人ですから、しんせつにしてあげると、むかうの人はしんせつにしてくれます。

○地震と火事

尋三　安藤　馨

九月一日にごはんをたべてゐたら、地震になりました。僕がびつくりしてゐたら、たなや高い所からいろ〳〵な物が落ちて來ました。僕はすぐやむかと思つたが、なほひどくなりました。ねえさんは耳をふさいで、目をおさへてゐました。その時兄さんはお庭へとびだしました。お父さんは兄さんに「家へはいれ」と言ひました。兄さんはすぐにはいりました。それから一番上の兄さんの下の兄さんが外へ出て少したつたらすぐかへつてきました。さうしてお父さんに「榎の下へ行きませう」と言ひました。お父さんは「どうして」と言ひました。けれども兄さんは「榎の下に行きませう」とまだ言つて居ました。さうしたらお父さんは「それならお母さんと行つておいで」と言ひました。みんなは「お父さんが行かなければ行かない」と言ひましたのでお父さんも「行くと」言ひました。さうして兄さんは僕と弟をつれて、でんづういんへ行つてゐました。けれどもお父さんやなんか一人もきませんでした。さうしたら兄さんは「きつとこないんだからかへらう」と言ひましたから、かへらうと思つて榎の下へ來るとお父さんや姉さんがゐましたから、僕もそこへ行きました。まもなく夕方になりました。いろ〳〵な人が「火事だ火事だ」と言ひました。さうして少したつたら、やけだされの人がきて「どうかこしかけさして下さい」と言ひましたので、お母さんは「えゝ」と言つてこしかけさして上げました。さうしてお母さんが女中に「こほりを少しかいてもつておいで」と言ひました。女中はすぐもつて來ました。お母さんはやけだされの人にそれをやりました。やけだされた人はずゐぶんよろこんでゐました。その人たちがかへる時に、お母さんはふるい着物もやりました。おれいを言つて着物をもらつてかへりました。その頃はもう夜でした。一番上の兄さんと下の兄さんは、ねむりました。弟もねむりました。僕はすわつて起きて居たら赤坂からしんるゐの秀ちやんが來て、いろ〳〵な話をしてかへりました。お母さんが「秀ちやんにちやうちんをかせばよかつた」と言つて後から女中にちやうちんをもたせて、おつかけさせました。けれども秀ちやんの足がはやくて、おつつけなかつたさうです。お母さんが僕に「もうねなければいけません」と言ひましたので、僕は家へ行きました。さうして兄さんと弟と僕と三人でねました。さうしたり、方方の人が「又よるの三時頃に大きな地震がある」と言つてるので又よる十二時すぎから、三時頃まで榎の下へ行きました。さうして又四時頃ねむりました。あくる朝起きたら火事はまだきえてませんでした。僕は后さかんにもえてゐるのを見て、とうてい一寸には消えないと思ひました。その日も十二時頃地震がありました。さうしてその夜はおにぎりをたべてねました。三日目位から大根やなすやその外いろ〳〵な物を賣り初めました。四日もやつぱりおにぎりでした。五日目位からはお父さんや兄さんやねえさんやでげん米をついてたべました。げん米は僕の思つたよりまづくはありませんでした。

○大震災

尋四　下村　明

九月一日、僕が學校から歸へつて、ごはんをいたゞかうとしてゐると、妹だちはおもちやのへやにいつて遊んでゐた。すると、ふいに大地震がゆれて來たから三つになる弟が、一番先きにかけて來て、お母樣のところへだきついた。六つの妹が、今にもえんがはから落ちさうになつてかけて來た。大きい方の妹は、來るひまがなくて泣いてゐる。大阪から來て居る十七の晴ちやんが、お母樣に「おたすけ下さい〳〵」といつてかたへしがみついたので、小さい弟が泣いてしまつた。それでお母樣もうごくことが出來なくなつてしまつた。

一度目の地震がすんでから皆で庭へ飛び下りて見ると、病氣の弟がお父樣にだつこをして居た。さうすると、近所の人たちが、池の向ふの垣根をみし〳〵とやぶつて大ぜいはいつて來た。地震ががた〳〵してくると、近所の小さな小供まで「なんみようほうれんげきよう」といつたりした。色色のおきようなどとなへる人もたくさんあつた。ちやうどごはん時だものですから、ちゝ屋は「お茶のかはりにどうですか」といつてちゝを持つて來るし、いもやは、大きなざるに、ふかしたいもをいつぱい持つて來て「おいもはいかゞですか〳〵」といつて來た。庭中一ぱいの人で、たいへんなさわぎであつた。まもなく三方火にかこまれて、東の空には恐ろしい形の雲が、汽くわん車からふき出す蒸氣の様に動いてゐる。何の音だか、おくでばくはつの音が聞えてくる。僕はその時「どうなることか」と思つた。二日目はすぐそばの砲兵工廠がやけるので、ばくはつする音がおそろしく聞えて來た。夜になると、近所の人々は、皆どこかへにげてしまつたので、家でもにげると云ふことになつた。僕はもうふをしよつて、妹の手を引き僕等の學校の庭まで行くやうにいひつかつたがお父様が「こゝまでは決して燒けて來ぬから大丈夫だ」とおつしやつたので、僕達は靴をはいたまゝ、皆で庭へふろしきで天とを作り、其下へござをしき、その上にふとんをしいてねた。

其の夜はにげないですんだが、往來は大變さわがしく、お父さんやしんるゐの書生さん達は、木などを持つて、家のまはりを見まはつていらつした。それからしばらくどこへも出ないで家にばかりゐた。十五日は牛込にいらつしやる林さんと、赤坂の熊原さんところへ行つた歸りに、九段の坂の上から燒けあとを見ると、船橋の無線電信の柱が遠くの向ふに見え、その先に海がすつと見えてゐた。三越なんぞは中ががらんどであつた。

今度の大地震と火事の恐しかつたことがほんとに分つた。

十七日に僕の小さい時、せわしてくれた新やが、日本橋にゐるので、しんぱいして、お父様と見舞にいつて見ると、きれいに燒けてしまつてゐた。ひなんして居るところは田端とわかつたので、次の日お菓子を持つて、御見舞にいつて見ると、三河島が火事なので、黑いけむりがどん〳〵立つてゐた。其翌日新やが來て、地震や火事で困つた御話をきかしてもらつた。指ケ谷小學校や、附屬中學校に着物や色々の物を出した後で澤山はなかつたが、あまり氣の毒なので、持つてるだけのものをあげたら、大へん喜んで歸つた。

燒けて死んだ人や、つぶれて死んだ人や、親子兄弟のばら〳〵になつた人も氣の毒である。僕等もかなり不自由はしたが、此の人達とくらべたら、大變なしあはせだと喜んでゐる。

註「新や」とは作者のねえやだつた人。

二　夜けい

家の御父樣は、夜けいに八日おきにいらつしやる。夜けいの番が來ると、赤かしのふとい三尺位の棒を持つて來て、「これをもつてお出ましください」と言つておいて行つた。お父樣は夕方ごはんを召しあがつてから、ずぼんをはき、じやけつをきて、おもしろいふうをし、ぱんをもつて、いらつしやつた。僕はそのまゝねてしまつた。夜目をさまして見ると、たえずひようしぎの音が聞えてゐた。僕はお父様もこの中にいらつしやるのかと思つてゐた。五時になつてから起きて見ると、お父様のこゑがして居たので、すぐ起きていつて見ると、歸つていらつしやつた。お父様はすぐねておしまひになつた。あとでおばあ様がへいたいのぱんを下さつたので、「どうなさつたのです」とうかゞつたら「お父様が夜けいでざいごう軍人にもらつたのです」とおつしやつた。家の夜けいのとなりでは、しほせんべいを、くれるさうです。

○ おゝこはい

尋四　加　島　博　子

九月一日の午前十一時五十八分には大へんな地しんがありました。此時私は弟たちとお座しきで蓄音機をかけてあそんでをりました。ところが、急にグラ〳〵しだしました。いつもの地しんとは、すこしゆれ方がちがふやうだと思つて居りますと、つゞいて大きな地しんが來ました。家の人はみんな「この地しんはかんらくじしんだ。はやく出ろ。外へ出ろ」と叔父さんにどなられ、む中に庭にとび出たけれど、體がフラ〳〵して思ふやうにあるけず、やつと植木につかまりました。お母さまと、弟と赤ちやんとみんな一本の大きな木に、ありのこのやうに、しがみついてゐました。女中と八つになる弟とは、門の外に立つてゐましたので、お母さんは「あゝ、けがゞ一人もなくはよかつたとよろこびました。

ゆれるさい中方々ですごい音がしました。これはみんな方々のかはらのおちる音でした。その中に自轉車にのつた人が「大へん〱下町は全めつだ。もうこの下の水道町も火事がはじまつた。みんな用心しなければならない」と申されました。聞いてをつた人は、みんないきた心地はしませんでした。家の中は、すつかり用心して、大切なものだけは、お母樣がおびの中へしまつてしまひました。私はかばんをかけて、近所の人々とたいわん學校の庭へまゐりました。方々からよつて來た人が、ずゐぶんたくさんでおどろきました。こゝへきてから大へん元氣になりました。いくどもいくどもゆれましたけれども、おうちに居た時のやうに、こはくはありませんでした。

夕方になると、下町をはじめ、どこを見ても、まつかな火で天もこげさうです。物すごい音を聞いたり見たりして、いつのまにか木の下でねてしまひました。あくる日もおなじやうに心配して、この庭にみんなと、とまりました。

三日目にはじめて、うちへかへりました。うちの中はかべがおちる、がらすがこはれる、さしきのかざりものが、みんなめちゃ〳〵になりまして、あぶなくてはいれません。お父さんはくつのまゝ、毎ばん一人うちにをりました。お見まひの人も、みんなくつや、土足のまゝではいつたさうです。やつとの事で、うちの中をかたづけ、庭へいすをもち出しておきました。毎ばん鮮人が來て火をつけるといふさはぎてお父さまや、をぢさんは、番に出かけます。時々おつかける足音や笛の音をきくと、むねがいたくなりました。つい此間迄、番をしましたけれど、けいさつから止められて、止める事になりました。うちのしんるゐや、仲のいゝ人はみんなぶじでしたので、よろこびましたが　やけた方の事をきゝますと、いつでも泣いてしまひます。

○かなしい別れ

尋四　林　千冬

九月一日の大地しんには、僕のうちも大ぶんこはれたが、それに引きかへ、本所の前原さんと云ふ人は、お父さんの、じむゐんでしたが、大へん、ひどいめにあつたことを話した。

始めに川がいゝと云ふので、自分と妻と子と、おぢいさんの、三人が入つたが、火が來てやけどだらけになつた。何しろわりげすゐに、十時間ばかりはいつて、着物などは人々にはがれ、川の中で、おぢいさんとわかれて、からだ一つで、中山までにげたさうです。川の中などでは、死んでゆく人を見たり、又死人の上をあるいたのでしたが、その時は氣がどうかしてゐるので、なんとも思はなかつたさうです。二十日ごろ僕の家に來たので、やうしよくを出したら、いくさらも皆たべてしまつた。それもそのはず、九月一日から、にく食は、たべないのですもの、二どめに來た時、「このわかれが又としばらく、あはれないかと思ふ」とて、兄さんと僕とに、この一ことばを言ひました。

「お兄さんおとうとさんどうか、からだを、じようぶにして勉強をしえらい人になつて名を出して下さい」と目からはなみだをながしながら、男なきに、ないてゐなかへかへつてしまひました。

中にはもつとひどい目にあつた人もあるでせう。

あの一ことばを今思ひ出すと、氣の毒でたまらない。どうしてこんなに人々は、さいなんの目にあつたのだらうか。

今の東京

一ケ月前までは花の都と歌はれた東京は、焼けの原になつて見るかげもない。前の日び谷公ゑんには先づさいばん所の方からはいると、となりではかはいらしい、小鳥などが歌を歌うて居たが、今は一ぴきも見られない。右は廣い運動場で玆は僕等が日曜日などにマリほりをした。そのいゝ所も今はひなんしやの家で焼けたとたんなどで見られない位きたならしい。つるのふん水などはじつにきもちがよかつた。そして池にはこひ、かも、色々なさかなや鳥などがゐたが、どうしたか一ぴきも見つからない。多分人々にたべられてしまつたのだらう。それから花畠へ行くと、それに見とれて足のあゆみが、おそくなる位美しい花がさいてゐたものだが、もうどこにどうなつたか、花などはめちやくちやになつてかれた葉ばかり、見えてゐる。

道には、しることとか、てんどんとかがたくさんあり、美しい花は一つも咲いてはゐない。どてなどにはきたないごみなどがすてゝある。

おんがく堂の所には二三日のうちに何十と云ふバラックがたつてしまつた。

前の美しい日び谷公園は、今はきたない所になつてしまつた。

いつたい、いつになつたら前の東京がうまれるのであらうか。たぶん第二の東京があらはれる時はたいてい僕らは大學でもそつぎやうする時頃であらう。僕等も今からそのつもりでからだを丈夫にし、勉强をしてりつぱな人間にならう。第二の東京をりつぱにするには人間がえらくなくてはだめである。舊東京よりもつとよくして、りつぱな新東京を作りたいものだ。（十月八日）

忘れられぬ九月一日

僕は兄さんと二階に居て、はもにかをふいて居た。するともく〳〵と地しんが來た。始は何げなく、机の上に上がつてしまつたが、こんどはがたぐ〳〵ぐ〳〵と大きくゆれてきて、家は左右にうごき、屋根のすなや、かべや、たなのものが、がたぐ〳〵どしんばらぐ〳〵つととぶので、はつきり、目をあけて居られない。むかひの家からは、かはらがやつぱし落ちて來た。僕の後に、からかみが、はづれてゐたので、それを頭の上にのせてゐた。「兄さん」とよんだが兄さんは、はしらにつかまつたきり、あるいて來る事が出來ない。その中に下でお母さんが「下りて來ちやいけないよいけないよ〳〵」と何んべんも云つたので、僕も兄さんも「はい」と、どうじにへんじをした。僕はそれでも「何しろ高い所であるから、もしれんぐわが、くづれなければよいが」としんばいして居た。前から、うちは、すこしよこにかたむいて居るのをしつてるから、なほたふれるやうな氣がして、家がよこにゆれると「あゝ今度はおしまひか」と思つたり、又丈夫になつたりして、僕のむねはどきどきしてどうすることも出來ない。方方では外へ出る足音がするが、なにしろ、こんなにゆれるしおまけに二階だから、こまつてしまつた。そのうちに、どうやらしづまつたをさいはひ、すぐにだんだんを、とび下りるやうにして下におりて、お母さんの所へ行くと、又ゆれて來て、がらすどがはづれ庭に落ち、その上にちようづばちがころがつて、皆がらすをわつてし舞つた。「さにげろ」と言つて、皆ばたばたとそとへ出た。そしてさくらの木に、あつまつたがそこには、いつか一ぱいの人が居た。そこがこの近所では一ばん安全である。僕の家の庭の下であるから、皆もあんぜんの場所としつて、ここにあつまつたのだらう。何んだかむねがどきどきしてじつとして居られない。赤ちやんはあひかはらず、たくさんの人がゐるので「きやつきやつ」とうれしがつて居る。僕はまたきふにせきが出だして、いくらがまんしても、とまらなかつた。

お母さんと女中とお父さんたちは、こはごは家にはいつて、色々なものを出して來た。何しろひるのごはんをたべないから、おなかがすいて居るので、ごはんをもち出して道ばたでたべた。さうかうして居るまに、しり合の人が見まひに來てくれた。まさか、大事とは知らなかつたから、すこしおもしろ氣分に、おくわしやくだものを、みんなやつてしまつた。「こんばんはとてもこゝではねられない」と言ふので、さいはひむかひが、りくぐん省だから、みんな一しよに、はいつてしまつた。すると、まもなく四方八方にけむりが見える。人々にきくと皆は「赤さかの方だ」とか「ぎんざはやけたからもうけいしちようだらう」とか「向ふは神田だ」とか言ふのでなほこはくなつて來た。

そこで荷物を少し出して、其日の晩は、大きな杉の木の下へ、かやをつつて、のじゆくをしたが、やつぱしねられない。夜の十時頃からは、東京はおそろしいぢごくせかいで、見上げる空は皆まつかで、わづか、ちよんぼりとま上だけ青空が見えて居た。かやの中でねようとすると、むづむづするので何んだど思つて見ると、ありがゐたりして、目がさめる。だんだん火のこがとんでくる。かうなつては、もうにげる所はない。どうしても、風下ににげるよりほかはない。でもまだ大丈夫だと思つて、見て居ると、もう九段に火が上つて居る。まもなく五番町だ。こんどは英國大使館にもえうつつた。とても火のこが來てしかたがないので、はらばへにげたが、やつぱりだめでした。そこでしまひには、さんぼうほんぶをつゝきつて、さいばん所の前のはらへにげた。お父さんや、お母さんがだいぶ、にもつを出したが、まだ〴〵たくさんあるが、とてもあぶなくので、半分ぐらゐしかだきぬらしい。

その中に「林さんの家に火の手が上つた」とか「もう林さんはやけてしまつた」とか言ふので、すつかりあきらめてしまつた。しらず〳〵ねてしまつた。ふとおきて見ると、もうだいぶやけて居る所がちがふ。東の方を見ると、太やうがまつかになつて高く上つて來た。父母は又にもつでも出しに行つたのか、ゐなかつたが、やがてかへつて來た。その話によると「うちは大丈夫だつた」と言ふので大よろこびであつた。しかし半藏門の方がやけて居るのが、おほりの水にうつつてよくわかる。ごはんは昨日杉の木の下で、のじゆくした時から、ふくじんづけと、のりのくわんづめだけで、たべてゐたが、大へんおいしかつた。おひるごろ家にはいつても大丈夫だと言ふのでにもつを運んでいつたら、僕の家はなんともならず、れんぐわに一つのひびさへよつてなかつた。たゞ瓦が十五枚ぐらゐ取落ち、すこし家がかたむき、はしごだんがとれ、かべだけどこも皆落ちて居た。お父さんもお母さんも女中も兄さんも僕も、かうなつてはうれしくてたまらなかつた。

母が父に向つて「商人が皆やけましたから早くくわんづめを買つて來ます」と云つて、女中をつれてとんでゆき、大きなつゝみにたくさんくわんづめを買つて來た。其れからは毎日牛くわん、のりくわんと、くわんづめばかりでごはんをたべた。たどうれしかつたのは「おくわしがすくないから」と母がどこからかおもちを買つて來て、おしるこをこしらへてくださつたのは、いつもの三こしや白木屋のより、よほどおいしかつた。ゆうべはこんだ荷物が、こんどはとても、おもくてもてないと云ふので、車をかりてはこび、どうやら皆家にかつぎこんだ。しかしこん晩も家の中ではねられないのでいつものさくらの木の下でかやをつつてのじゆくをした。その日は二日のばんであつた。僕はつかれたのでうつらくねむつてしまつた。時々いさましい、けんつきでつぽうのへいたいがあるいて來、又たくさんの人もぞろく歩いた。その時はせんさうとはこんなものかと思ふくらゐすごかつた。何んとも云へないさわぎだ。度々目をさましたりして居るうちに、とうく夜が明けた。

今日は三日で、もう今晩は家の中でねられると言ふので、こはく家の中に入つた。思へば昨日、のはらでのじゆくした時に、ほしのやうにきらくひかりながら、かずかぎりないたくさんの火のこが落ちて來た時には、もう氣がどうかして居たせいか、何んともむねにはこたへなかったが、今考へると、あの火のこのとんでくるさまはすごいゆめの樣である。三日のばんも、家の前でのじゆくした。そのよ中にとなりのあき家へ五十ぐらゐになるおばあさんが、火をつけたさうだ。うしろのへいからへいたいが見つけて、すぐつれていつてしまつたと言ふことが、あとでわかつた。それにかゝはらず家がやけないのは天のたすけかと、ひじようにうれしかつた。すこしの間に東京かやけてしまつて、たくさんの家のない人がぞろ〴〵うちの前をあるいてゐるのを見ると、きのどくでたまらない。

今年の九月一日のさいなんは、どうしてもわすれられぬ日である。

○大震火災

尋四　山路愛子

九月一日の日

九月一日の日、私は學校から歸つてごはんもすませ、べんきようもしたので、まどの所へ行つて本をよんでゐました。するとがた〴〵とゆれました。私はさう大きくない地震だからと思つて居ま

したら　少し大きくなつたので、お母樣の所へかけて行きましたら、又ずつと大きくなりましたから、私はびつくりしてはだしで庭へ飛下りました。お母樣もげたを出しながらおおりになりましたが、お兄樣も出ていらつしやいました。外で家の中を見てゐましたら、お茶の間の電氣も二尺ぐらゐまはりました。

お母樣が「かういふ地震にはきつとゆりかへしがありますよ」とおつしやつたので、外にゐますと、又がたくとゆれ出したので、庭のまんなかへ行きました。その時のゆりかへしは大へん大きうございました。そんな大きいのが二度ありました。いつまでたつても女中が庭の方へ來ないので、お母樣が「門の前の方に出たのかもしれない」とおしあつて行つて見ましたら女中がゐました。門の前の方では、加納さんの方も皆門の方へ出ていらつしやいましたから、家でも門の前にいすなどを出してゐました。

夕方は火事がよく見えました。地震のさわぎで夕方のご飯も落ちついて食べられないので、おむすびを作つてえん先で食べました。

四時頃新諏訪が燒けてゐるといふので、佐野さんの家も燒けたらうと思つてゐましたら、夕方に佐野さんの人が皆いらしつて「家だけ一軒殘つた」とおつしやいました。

夜になつたら火事が盛んで、家の庭などは火事のあかりで明るくなりました。私は火事があまりひどいのでこはくなつてしまひました。あまりこはいので私は自分の大事な學校の荷物をそろへてねました。

その晩はろくにねられないので、あちこちでごろ〳〵してゐました。うと〳〵してゐて目をあいて見ましたら、もう朝なので、すぐ起きて外へ行つて見ましたら、お母樣などは外でしちりんへ火をおこしていらつしやいました。

佐野さんの方は皆一晩家へおとまりになりました。

朝鮮人さわぎ

二日の朝、勝子さんたちは家へお歸りになりました。

私が起きたじぶんは、とほくの方のもえてゐるのが見えました。

九時十時頃たび〳〵ゆりかへしの小さなのがあるので外にゐました。

二日の日の夕方ごろになつたら、今度は朝鮮人さわぎが始りました。「ひさかた町の方で朝鮮人が二人つかまつた」といふ話が出るかと思ふと、下のおうちの方で「てふせん人がつかまつた」「朝せん人はむかふへ行つた」など大さわぎをしてゐるらしく聞えるので、二日の日も大へんこわいでした。

夜になると、まはつて來る人が「とく川さまに朝せん人が入りましたから御用心下さい」などと言つて來るのです。時々とく川さまへ朝せん人が入つたなぞと言ふので、とく川さまへ兵隊さんが番をしてゐました。濱さんへも兵隊さんが來てゐました。まき野さんの廣い原などはかくれば所もあるから、朝せん人がはいつてもちよつと分らないから、兵隊さんにゐてもらつた方がよいだらうと言ふので、兵隊さんが來て番をしてゐたこともありました。私たちに朝鮮人さわぎはいやでした。

燒け出された人

門の前にゐると災なんにあつた人が幾人も通ります。

どこの人か知りませんが手拭をかぶつて、着ものをはしよつてバナヽをさげて家を探しに來た人もあります。大きな荷物をかついで通る人もあります。

電車通に天とを張つて、下はござをしいてゐる人もたくさんありますし、おばあさんをうば車にのせてひいて行く人もあります。本たうにかはいさうです。

しんぶんには、おばあさんを男の人がせ負つて、おかみさんがふとんをかゝへてにげていくしゃしんなども出てゐました。さういふのはほんたうにかあいさうです。私はその繪を見て、ぞつとするほどかはいさうになりました。

○大地震

尋三　山内達一

九月一日のひるごはんの時、急にぐら〳〵と家が動き出して、棚の上のものが落ちたり、おざしきの大きなちくおんきがひつくりかへつたりしました。

その時重ちやんがねてゐましたので、お母さんはすぐに重ちやんをだいて僕と俊ちやんの手をつかまへて、本箱のそばへつれて行つて下さいました。しばらくたつてゐましたけれど、あまりひどくゆれますので、お庭のまんなかへはだしのまゝで出ました。ひどくゆれてとても立つてはゐられませんので、すわつてゐました。

その中に少しゆれるのがやみましたので、うら口のそばにはり板をしいてゐました。こゝは高いものがありませんので、あぶなくありません。そして僕たちはおまもりをつけてもらひました。

そのじぶん電車通りは遠くからにげて來る人で大へんです。

だん〳〵夕方になるにつれて方々の火事で、空がまつかです。

僕たちはほうへいエしやうの火が近づいて來ますのでいつ家がやけるかも分りませんから、近所の人はいろ〳〵の荷物を出して逃げるやういをしてゐます。けれ共僕のうちは男の人がゐませんので、とても荷もつなんかもつて行かれませんから、にげる時はみんなが何ももたないで、たゞからだだけでにげませうと、お母様がおつしやいましたので、らんどと、お父さんの大せつなものだけをせおつて、俊ちやんはおくわしを少し入れたふくろをかけて、お母さんは重ちやんをおぶつていつでも逃げられるやうにしてゐました。

けれ共いゝぐあひにこつちへはやけてきませんでした。そのばんは十二時に又大地震があるといふので、みんなびく〳〵しながら表にゐました。

小さいのはいくどもゆれましたが、もうそんなに大きな地震はありませんのでうれしうございました。

翌日電車通へ出て見ますと、みな氣の毒な人ばかりで、なみだがこぼれさうになりました。

四日の日に大阪からおぢいさんが心配して來て下さいました。もう皆にあへないと思つて來たが皆ぶじでよかつたと大へんおよろこびになりました。

五日の日に上野の方へおみまひにいつて方々やけあとを見ましたが、ずゐ分ひどいのでおどきました。

それから宮部君や日比野君や、そのほかいろんな友だちのことを心配しました。

そして僕たちのやうに小石川にすんでゐて、やねやかべのこはれたぐらゐの所は、よつぽどしあはせだつたと思ひました。

○大地震

尋三　小林康郎

僕は一日の日に學校から歸つて、少したつとあの大地震でした。僕はべんじよからとび出して、弟としんるゐのおばさんのそばにゐました。すると後から壁が足の所へ落ちて來ました。庭からお母さまが、「お出なさい。〳〵」とおつしやつたので、とび出しました。それから大きなゆりかへしが何度も來ました。その中に少ししづまつたので、お母様がいすを取りにおは入りになりました。さうしていすに腰かけてやすんでゐました。すると自働車ポンプの音が近くに聞えました。間もなく火の粉がどん〳〵飛んで來ます。煙もどん〳〵ふえて來ました。どこかと思つて聞いて見ると、江戸川の方がもえてゐるといふことでした。だからおゐはいや大事なものを一まとめにして、いざといふ時には持つてにげられるやうにして置きました。その中に火事もだん〳〵やんだので少し安心しました。

あとで聞いて見ると、三十軒ばかりやけたのださうでした。こんな小さな火事でも、大へんこはかつたのでしたから、あの大きな火事だつたらどんなにこはいでせう。東の空を見ると雲のやうなものがもく〳〵と立つていきます。初めの中は火事の煙だとは全く思ひませんでした。

お父さまがおけがでもしていらつしやらないかと、ずゐ分心配してゐましたが、三時頃にやつとお歸りになりました。お歸りになつた時は大いへんうれしいでした。お父様がお歸りになつてからは大へん力づよくなりました。

お父様は雲のやうなものは火事の煙だとおつしやいました。それから途中の火事のことをお話になりました。こんなことをしてゐるうちにもう夕方になりました。それから庭に一番近いへやをきれいにして、そこでごはんを食べました。けれ共心ぱいで中々ごはんがたべられませんでした。

東の空は眞赤になつてゐました。

その晩は雨戸をあけてうちの中でねましたが、こはくて中々ねむられません。時々餘震が來るので、何度も外へとび出した事がありました。

お父様は外でいすに腰かけて、火の様子を見ていらつしやいました。

二日の朝起きて見ると、まださかんにもえてゐるやうでした。夕方になると、又火の粉がどんどんとんで來るので、又こはくなりました。

二日の晩、又大きな地震があるといふので、外へかやをつつてねました。夜中に雨がふつて來たので、うちへはいつてねました。三日になると火事も大分きえたやうでした。

九日にお父様と僕と二人で淺草にあるお寺にうちのおはかがあるので、それを見に行きました。うちからでんづうゐんまで歩きました。でんづうゐんから春日町まで電車にのり、又歩いて本郷三丁目までいくと、もう右がはゞずうつとやけて居りました。少し行くと向ふの方に兩國橋が見えました。大分行くと右かはに「樂山堂病院燒跡」とかいたふだが立つてゐました。そこを左へまがつて、右へまがつて少し行つて左へまがつて又少し行くと左がはがお寺です。お寺は丸燒でした。そしてお寺の前にあつたお藏はつぶれて燒けてゐました。

それからおはかの石はみなたふれてゐました。うちのおはかもたふれてゐました。おはかのさを石をお父樣がおこさうとなさいましたけれども、重くて持てませんのでやめて歸りました。

歸り途に吾妻橋の所へ行きました。すると人の死たいが、たくさんぽか／＼浮んで流れて行きます。はじめの中は面白半分に見てゐましたけれども、あとになるとくさいにほひがして來ましたので鼻をつまんでゐました。吾妻橋の下には燒けた材木と一しよに死體がついてゐました。それから死體の中には、親が子をおぶつて逃げたのでせう、赤んぼに親らしいのがついてゐるのもありました。僕はきつとその人は、火にせめられてしかたなしに川へとびこんでやけ死んだのだらうと、大へん氣の毒に思ひました。

それから、ふしぎにもやけのこつた淺草の觀音樣におまゐりをして、上野の山へ行きました。上野の山にはひなん民が、たくさん焼けたブリキ板などで、小屋を造つてすんでゐました。上野の停車場には汽車の焼けたのがたくさんありました。

とちゆうでのどがかはきましたから、焼跡から流れて出る水道の水をたび〳〵飲みました。それからうちへ歸りましたが、ずゐ分たくさんあるきましたので、くたびれてしまひました。

今日あるいた所は、本鄕から先は一けんも焼けのこつた家はありませんでした。あのやうにたくさんの人が、家を焼け出されたり、死んだりしたかと思ひますと、地震は大いへんおそろしいものだと考へました。

○感心したこと　尋六　松本達郎

大地震でうちのへいがたふれた。

はじめうちの人は表に出なかつたので、よその人がへいのたふれて道をふさへたのをなをして下さつた。

かういふことはいゝことである。

又ある人が火事になるといふので馬力をもつて來てそれに荷をのせ、おちついてにをもつて行つた。それからほかの人がうちでやけてゐるかと見にいつたら、燒けてないのでもどらうとしたが、その人がしようちしなかつた。それでとう〳〵うちはやけて倉が助かつた。

みんなよその人も、えらいといつて感心した。僕も感心した。

青年團が人々に、にぎりめしや、お茶を上げてゐるのも感心である。

又おにいさんが、べつさうにいつて、べつさうはつぶれ、どのうちもつぶれたが、小屋を作つてくれた人があつた。この人は家もつぶれた百姓であつた。若しもこの人が、ゐなかつたら、お兄さんは困つたでせう。

人がうちの前を通つてゐた。その中一人が道が聞いてゐた、それを一人が敎へてあげてゐた、僕は感心した。

又米國や英國のなさけぶかいことは實にえらい。感心である。

又方々で、ひなんみんに着物を作つてやつたりするのもよいことである。

色々の人が水がなくて困つてゐるのを見て、水や氷をくばつたりするのもよい。又メリケンコ、米、魚などをくばつたりするのもよい。

感心しないこと

これは佐々木先生のお話であるが、ある子供達が、電車の止まつてゐるのを、おしてころがすのでこまつたさうだ。そして人々はこまつた、これは實によくない。

又電車が無ちんなのでぺんたうをもつて困つてゐる人を見て笑つたりするのは感心しない。

うちの近所のうちの奥さんが、おしやれをして外へ出て歩いてゐた。うちのものや人々は惡いと思ふだらう。僕も惡いと思つた。或日のことだつた。鮮人のうはさがあつた。それは靑年團や色んな人が、中學位の人に「もしも鮮人が來たらめちやくちやになぐつてしまへ」といつてゐた。そんなに言はなくつても鮮人にも善い人がゐるかも知れない。

横濱のをぢさんのうちでは、うちが燒けない人に畑のものを取られた。こんなことをしないで燒けた人々に分けてやればよいではないかと思ふ。

横濱のあき本さんのそばに鮮人がひなんしたのを、惡いこともしないのにころしたりした。これも實によくないことである。

鮮人がつけ火をしたり、井戸に毒を入れたりするのもよくない。又人が困つてゐるのに、ピアノを引いたり、うたをうたつたりするのもよくない。かういふ時には、よい人も悪い人もゐる。（終り）

○大震災について

尋四　山川益男

感心したこと

兵士のはたらきには感心した。こんどの兵士は、自分のうちがやけたりつぶれたりしたのは思はないで國家のためにと、はたらく。一日中ほこりの中をかけ歩きあせをびつしよりかいた。それだけならいゝが夜もねむらないでいさましくはたらくとは、なんと云ふ事だらう。感心しない人はない。僕はないてもかまはない。

感心しないこと

僕は川口で汽車にのるには、男がみんな場をとつて平氣でゐる。僕はあゝ、なんとわるい人だらうと思つた。

日本帝國の大都會のどりよくも三日のうちになくなつてしまつた。くやしい地震である。又僕はど力をつくして、前の大都會にしたい。ゆくへ不明の人もかはいさう。夫をなくした妻もかはいさう。小供をなくした人もかはいさうだ。かう云ふ人たちはずゐぶんゐるでせう。天災だから仕方がない。

あゝくやしい大地震。

○ひなん民

尋五　若山俊輔

僕がいつとうかはいさうに思つたのは、ひなんしてゐる人であつた。中には父母にしにわかれた子供、子供をなくした父母、兄さんに死に別れた弟、ねえさんに死に別れたいもうと。一つ〳〵かぞへたらきりがありません。着物一枚でにげて來た人、お金をちつとも、もたないでにげた人、それは〳〵澤山な人です。

それでやけだされない人は、これらの人に、き物を上げたり、お金をきふしたりしてゐますが、なにしろやけだされた人の方が、やけだされないよりも、おほいのだからして、すみからすみまではなか〳〵いきとゞきません。

だん〳〵さむくなると、あんなほつたて小屋にすんでゐる人々は、きつとさむくてたまらないだらうと思ひます。僕等はそこにいくと一番しあはせであります。父母に死にわかれたのではなし、兄弟に死に別れたのでもなし。着物もあたゝかいのが、たくさんにあるし、お家もちやんとしてたつてゐる。なんとありがたいことでせう。

僕はこんどの大地しん大火事について、一番しんぱいするのは、大東京がほとんどぜんめつといつても、よいくらゐなのですから、このやけの原の東京を、もとの東京よりもまだ〳〵よい大東京にきづきあげねばならぬといふことについてです。それを僕等の手でなさなければいけないのです。で、何よりほんたうの人らしい力と元氣がひつやうである。からだも丈夫にし、勉強もして、まづりつぱな市民になつて、大東京をきづきあげるのです。さうすればきつと、うつくしいりつぱな首都になるでせう。

○大震大火災記

尋六　眞鍋洋三

發震出火

九月一日、始業式もすんだので家に歸り、中食をすまして間もなく、僕は母と話をしてゐた時、「ずしん」と物すごい音を立てて地震は起つた。「みり〱。がら〱」子供部屋の方では妹や小さい弟の泣く聲も聞えた。誰れもかくごをきめて梁の落ちるのをこは〲待つてゐる。僕らは籐いすを中心に頭を下げて集つた。

しばらくして地震はをさまつた。あゝこはかつたと庭を見れば、へい、とうろう、植木鉢は皆倒れてゐる。「あゝ大變だ」と思ふ間に、自動車ポンプの警笛がきこえる。「あゝ火事だ」とばかりに空を見れば、はや黑煙が上つてゐる。家中のものが、「今の地震は」などゝ聲をふるはせながら話し合つてゐる時、再び地震は起つた。がら〱、ぐら〱、ふと電氣を見れば、天井につくかと思ふばかりに動いてゐる。これもしばらくして止んだ。

外へ出て見ると、南は齒科醫學校、東北に飯田橋の中島病院附近、裏手は湯屋の方から黑煙が上る。さあ大變だ、火は三方から出た。しかし尙大丈夫と、家の中にはいつて、一生けんめいに落ちついて、家の中を見ると、梁の落ちる所か、瓦一つ落ちてゐない。たゞ二階の壁がほとんどはがれた丈けである。

再び外へ出て見ると風向が悪いので、火はやゝ近づいて來た。向ふからはたんす、ふとんなどをかついで來る。中にはくろくこげたのもある。

火は時と共にひろがつて、僕の家も火の子の雨をあびはじめた。

僕等は土手に避難しつゝ、火の海のひろがるのを、心をいためながら眺めてゐるよりしかたはなかつた。

消火

兄や書生などは、西洋館のじゆうたん、テーブル、いす、クツシヨン等を山のやうにかゝへて家から出て來た。

出した荷物は、土手ぎはに山のやうにつまれた。

母もあかちやんが生れて四五日目であるが、看護婦と土手の下に避難した。

グー〱、ジヤン〱〱〱、どこからともなく天の助であらう自動車ポンプが來た。見る間にホースをつないで、堀の水で消火をはじめた。ホースはつがふ三箇つながれた。

こちらから見てゐると、高く〳〵もえ立つ猛火に、茶色の水がチョロ〳〵と出てゐる。ひんじやくな水だ。こんなものぢや、もう十箇つけても消えさうもない。

火は次第にちん火した。消防隊は手早に後を片づけてどこともなく去つた。

僕はもう大丈夫だらうと、土手から下りて荷物の所へ來た。

あのなま木をもぼう〳〵ともやす火が、よくもかうしづまつたものだとゆめのやうな氣がする。

しばらくすると又煙が立つた。はつと見れば、再びやけ殘つた音樂學校がもえはじめたのである。

消防手はもうゐない。

大人のものは「そら又だ」といはんばかりにとんでいつた。

「おつしよい、わつしよ、〳〵〳〵」

まるで祭のやうだ。見れば何んのこつた。皆が、もえないやうにとへいを倒してゐるのである。

めり〳〵〳〵、みり〳〵〳〵。へいは見事に倒れた。

「あつい〳〵、おおあつい」

火煙のあせ、勞働のあせ、流るゝあせを手でふるひ〳〵して働いてゐる。

「もうこれくらゐ、火だねのないやうにもやしてしまへ」皆は口々に言つた。
火は消えた。もう大丈夫と出した荷をしまつた。

焼野原

火は消えたのでほつと安心をした。

大學から來た人が飯田町の驛の方へ行かうといふので行つて見ると、省線電車の線路には、たんす、長持などの荷物が山のやうにつまれて、その荷の間に人が休んでゐる。

ガードの所に來て、線路づたひに渡らうとすると、巡査が來て、

「この下に今食事をしてゐますから、下にごみが落ちますから」

といふと、

「なあに、今ごはんを食べるなんてぜいたくだ。僕なんぞは食べやあしない」

と、大學から來た人はのんきなものだ。お巡りさん、ギヤフンとまゐつてしまつた。

僕らはこゝを越して驛へ行つて四方を眺めると、砲兵工しようはとうに焼け落ち、南の方は須田町の方まで焼野原となつてゐる。

驛の中には省線電車が、車りんだけになつてぷすぷすとくすぶつてゐる。

大學から來た人は、きはめてのんきだ。早速煙草を出して、ぷすぷすとくすぶる電車の火をつけて、ずぱずぱやり出した。

九段は今盛に燒けてゐるのであらう、暗い空に明るくなつて、煙は盛んにのぼつてゐる。

しばらくしてかへつた。

再びガードの所へ來ると、一人の職人風の男が巡査に、

「あそこにお巡りさんが死んでゐる」

といつた。巡査は驚いたやうに

「うえ、どこに」

「へえ、もうすこし先にはだかで」

巡査は大またで飛んで行つた。この時僕は

「この猛火の中で、なんで、どうして死んだのだらう。いやきつと、誰かけがでもして動けないで困つてゐやしないかとさがしてゐたのではないか」

と思つた。

「しかし、猛火の中で焼け死ぬ様は、どんなだらう。何にしてもかはいさうなものだ」

再びかう思ひかへして見ると、なんとなくその有様がさうざうされる。

うちへかへつておにぎりを食べたが、なんだか少ししか食べられない。するとそこへ兵隊が來て、

「今日はまだ朝から何もたべないのですから」

といふので、母は「へえ、どうぞ」といつておむすびをあげた。朝から何もたべないで活動する兵隊はさぞ困ることだらう。

おむすびを食べると兵隊さんは禮をいつて歸つた。

南の京橋日本橋方面は眞赤になつてゐる。

「あゝさうだ、岩崎君の家は日本橋だから、今頃はさぞ難儀な思ひをしてゐるだらう」

と思ふと何となく心が落ちつかない。

家の中のものを皆出してしまつたので、僕の着るものさへどこへ行つたかわからない。シャツ一枚で飛び出した僕は、實にさむかつた。「あゝさむい〳〵」と思はず聲を出した。けれども焼け出さ

れた人のことを思ふとやつぱり普通のことだつた。

眠り

さわぎはしづまつて來た。

棟木の落ちる音や、パチ〳〵とはねながらもえる有様が頭の中にうかんで來たり、地震の時家の中にゐたことを思つたりしては、家の中はなんとなく不安にたえない。

門の前に立つてゐるとなんとなく眠くなるので、地震のきようふも忘れて家にはいり、母のそばでねようとしたが、再び地震のことを思つては外へ飛び出した。

やうやくの思ひで家にはいつた。

「赤ちやんが泣いたら四時ですよ、今は十一時ですからまだなか〳〵です」

看護婦のこゑだ。

「うむ、赤坊が標準の時計だな」

つかれのためにとう〳〵眠つてしまつた。　（九月一日終）

暖いふとん

「おきや〳〵」

赤坊の泣く聲で目がさめた。

「もう四時」「いゝえまだです」

赤坊の標準時計は大分ちがつてゐる。時計を見るとまだ一時そこそこだ。

再び地震のことを思ひ出して外へ飛び出した。もうあまり眠くはないので家へ入る氣はしない。

門の前に來ていすに腰を下して、京橋方面を見ると、まだ空は赤くなつてゐる。

こんな火事は誰でも始めてであらう。

門ぎはにはワイシヤツ一枚でふるへてゐる人もあゝ。實に同情にたえない。

こんな時だからたれもよく眠られないであらう。

そこへ隣の良ちやんが籐いすとふとんをかついで來て、

「おほさむい。良ちやん、かはりばんこにこしかけませう」

といつて、あつたかさうにふとんにくるまつて椅子に腰かけた。シヤツ一枚で上着も何もどこへやつたか分らなくなつた僕は、自分の番の來ゝのが待ちどほしい。

いよ〳〵僕の番だ。ふとんにくるまつていすにかけた。冷え切つてゐたからだがほと〳〵とあたまつて來た。ふと橫を見るとホワイトシヤツ一枚でゐる人がまだふるへてゐる。

「あゝかはいさうだ、このふとんが僕のならかして上げるのだが」

かう思ふとどうしても、じつとふとんにくるまつてゐられない。

「よしちやんもうかはらない」

「うん、まだよくつてよ。もつときていらつしやい」

かういはれてはかはるわけにも行かず、かう〳〵だからとも言へない。

番が來た。ふとんからはなれると又ぞつと寒い。女中が出て來て、

「洋三樣、お寒いでせう」

「うむ」

女中は家へいつてふとんをもつて來てくれた。

今度はかはり番でなくつづいてくるまることが出來る。しかしさつきの人は氣の毒だ、時計を見ると四時近くなつてゐる。

僕はしばらくしてふとんをさつきの人にかして、東の空をはるかに眺めた。南方の空は火事でもつて夕焼のやうに赤いが、東方の空は白々とまさに夜があけんとしてゐる。

夜は白々とあけはなれて來た。そこゝこで鷄の鳴きごゑもきこえて、不安の夜はあけ、日の光もやはらかにさして來た。

顔は

さあ今日はどうしよう、水道はとまつてしまつてゐる。

顔は…………あゝ、井戸の水がある。しかし家の水も隣の水もにごつた水である。まあしかたがないと顔は洗つたが、ごはんはどうしよう。台所へ來て見るといつの間にか、かまどをつくつてたいてゐる。まあこれで食事も出來た。おにぎりを五つほど食べた。

隣の家のへいから向ふを見ると、へいを境として向ふは九段神田方面まで燒の原と變つてゐる。

着物のやぶれた人、こげてゐる人、ちんばの下駄をはいてゐる人、滿足なものを身につけてゐる人は一人としてゐない。巡査は白が黑と化したやぶれ服をつけて、四辻に立つて整理をしてゐる。

燒跡に三四歩ふみ込むと屋根のつぶれた砲兵工しやうが見える。實に我々の豫想以外だ。

人々の言ふのでは九段の大村さんの銅像はひつくりかへつてゐるとのことだ。

隣の家に育兒會病院が來たので、大小の赤んぼがかはりばんこに泣いてゐる。

晝食も朝のやうにおにぎりですました。が晩のお米が足りない。さあ大變、もうみんなうえじにするのぢやないかと思はれた。幸に僕らは死なゝいですんだ。隣にたちのいて來た在鄕軍人が、玄米を一俵かつて來てくれた。

玄米〳〵。それを食べたことのない我々には、何か珍らしいおごちさうのやうに感じた。

四時頃僕はくすぶる燒野原を通つて近衞師團の門をはいつた。見れば右側の石垣はくづれて、見るもおそろしいやうだ。

用をすまして歸りがけに九段下方面に目を向けると、昨日の火事はまだやまずにもえてゐる。牛が淵公園などは避難者でいつぱいである。

左側の招魂社を見れば、三番町方面の避難者でうづまつてゐる。左右の燈籠は一つのこらず倒れてゐる。大村さんの銅像は、いがみもせずに、このさん狀をながめてゐる。

消防出張所の前には、鮮人十數名が數名の巡査にかんしされてゐる。

一町程歩いて行くと、家の中から人があわたゞしく飛び出して來るし、足下はふら〳〵とする。上を見れば電信柱がをどつてゐる。これこそ地震だ。

しばらくして地震はやんだ。僕らは再び歩みをつゞけた。

からふくがり

夜に入つた。度々の地震で不安な我々は、親類の家の庭に一夜をあかすこととなつた。鮮人が來たから鐵棒でももつてゐろといふので、一尺ほどの鐵棒をたづさへた。

夜は更けてもうまつくらになつてしまつた。今は、あれ程の市街も全くの燒の原となつて、提灯一つついてゐない。

「ドン〳〵〳〵〳〵」　銃聲は暗を破つて恐しく聞える。

「きつと鮮人のピストルだらう。して見るともうぢきそこだ。もしこゝへ來…………いや僕は日本男子だ。鮮人の百や二百……」と思ひかへして鐵棒を握つた。

「ふてい鮮人をたゝきころせい」「ふてい鮮人を皆ころしにしてしまへ」から言ひ乍ら通つていくものもある。

昨日からのつかれで眠くはあるが、何となく不安だ。

日本橋方面の空はまだ眞赤である。

さあ僕らはどうなるのであらうか。幸福な道に行くのか、不幸な道に行くのか、今や我々は運命のわかれ道に立つたのだ。（二日終り）

にくらしい震災

野宿の一夜は無事にこした。

今日も昨日におとらぬよい天氣だ。

朝はじめて牛込見附へ行つて見ると、電車線路には五寸ほどの龜裂がある。すこしもどつて見れば、牛込驛の前に三尺ほどの龜裂もある。驛の驛長室、事務室はぴしやんこにつぶれてゐる。

實ににくむべき地震だ。

誰いふとなく、本所被服しやうで、火事のために人が重なり合つて死んでゐるといふことだ。後でそれはほんとだといふことが分つた。

實ににくむべき震災だ。

近衞から兵隊が二人、知つてゐる將校の世話で警戒に來てくれた。聞けば今は戒嚴令がしかれたから、實だんを二人で六十發持つてゐるさうだ。この彈丸は今擊つてもよいのだから、惡人がゐたら皆うつてやると兵隊はゐばつてゐる。

又今夜も野宿だらう。

夜　警

今夜は思ひの外おだやかな夜だ。僕は夜警の中にまぢつて面白半分に通る人をすゐかした。これこそ今の新關所だ。

「もし〳〵あなたはどこへ行きます」

「えゝ、牛込若松町です」

「どちらからおいでです」

「神田橋からです」

「あゝさうですか、して荷物は」

「これがパンにこれがおにぎり、これがビスケットです」

「はあよほどですね、マッチは持つてゐませんか」

「いゝえ持ちません」

「さうですか、持つてゐても又向ふでとられますから」

「うんえゝ持つてゐます」

「では出して下さい」

「へえ」

まあちよいとこんな風だ、我々は昔の關所を見たことはないが、多分こんな調子だらう。

「けいしちよう」「電信隊」「帝國大學」「電氣局」等色々の自動車が數知れず通る。

又鮮人か

「鮮人が土手へのぼつたぞう」

「鮮人が土手へのぼつたけいせきがあるぞう」

飯田町のガード方面から聲がきこえる。

「えゝどこまで……」「あゝさうですか」をやつてゐた連中、皆とんで行つてしまつた。しかしこれはうそであつた。

しばらくすると又見附の外で、

「鮮人がお堀にとびこんだぞう」

といふ。間もなく「ドーン」、銃聲が一發きこえた。自動車はカーバイトを堀の方にてらしてゐる。

「わあい〳〵」　まるで戰爭のやうだ。しかし僕は戰爭を見たことはない。

見附の外から來た者にきくと、

「神樂坂の下は提灯をもつた人が左右に立つてゐて、その後に兵隊が、さあこいといはぬばかりに銃けんを持つてゐる。あれぢや何かものいひでもしたら一つきにされてしまふだらう」

と言つてゐる。

さあこのやうな不安の日はいつまでつゞくだらうか。

感想

○ 本庄町へひなんするまで

尋三　大友恒夫

九月一日僕が學校へ行つてかへつて來て、お祖母様の家にあそんでゐると、がた〳〵ゆれる。「地震だ」といふことがわかつた。中々やまないので貫一叔父さんのさしづで、柱につかまつてゐた。さすがに强いおぢいさまの家もめり〳〵といつた。少したつと又ゆれる。いくたびもいくたびもゆれるので、みんなはきものをしつかりきなほして、にはへ出た。そのうちに「火事」といふので植木屋が、松の木へ登つて見ると砲兵工廠がやけてゐる、帝國大學が燒けてゐる、するが臺の方もやけてゐる、大さわぎだ。まもなくお父さんがおかへりになつた。見るとひたひの所と手に、少しけがをしていらつしやつた。火はだん〳〵近くなり、本鄕元町の交番の所までやつて來たといふので、おばあさまが「家はたすかるまい」とおつしやつた。火の子はたくさんおちて來る。おばあさまが「とにかく上野へ行かう」とおつしやつて、おなかゞすかないやうに、むすびをたべた。上野へ逃げることになつて、植木屋と丁度來合せた大工を殘して、僕等はみんな家を出た。女子美術學校の所で、火事の樣子を見て居ると、人の話では本鄕座が燒けて居るのだといふ事であつた。お父さんが「自働車を赤門前におくからそれにのつて上野へ行つた方がよい」とおつしやるので、少し行つたが、人が大ぜいなので中々歩けない。そこでお父さんは赤門前においてある自働車の所へ行つて「こつちへ來させよう」とおつしやつて、おでかけになつた。まもなくお父さんをのせた自働車が僕のゐる所へやつて來た。おばあさんとお母さんと、をぢさんと僕と、治子と女中二人だけそれにのつて上野へ行つた。お父さんとほかの女中は、あとへのこつた。そこの梅川へ行つてしばらく休んでゐた。くたびれがなほつたので、すこし出て見ると、東照宮のとうろうは皆たふれてゐて、たつた一つしかのこつてゐなかつた。五重の塔はりつぱに立つて居た。山中はひなんの人だけで足のふみばもないくらゐであつた。本郷通りであるかと思はれる所が、さかんにもえてゐた。夜になつたら、空が眞赤で火の海のやうになつた。眠くなつのでうつ〱ねむつてゐると、家におるすばんをしていらつしたお父さんが「もう火は大丈夫だから」と迎へに來て下さつた。僕等は又自働車にのりぶじに家にもどつた。

朝の汽車で本庄へいらつしやつたおぢいさまより、一足先へお歸りになつた、おばあさまがいらつして、ふとんをしいてかやをつつて下さつたので僕はすぐねてしまつた。おぢいさまがおのりになつた、汽車は、赤羽の鐵道を渡るとすぐあの地震にあつたのださうだ。ずゐぶんあぶない事であつたらう。

九月二日

今日から庭におかまをすえ、そこでお祖母樣やお母樣が、先達で、ごはんをたいたり、おかずをこしらへたりすることになつた。朝飯をたべてると新花町の叔父樣がいらしてお家が昨夜やけて叔母樣の行くへがわからないといふお話だつたので、うちのお父樣が旗を立てゝさがさうといつて、旗をこしらへて居ると、叔母樣の使が來て、博物館前にいらしやることがわかつた。お父さんがお迎にいつてぶじに叔母樣を連れて來た。今日はまだ火事がやまないので、空がけむりだらけだ。

うちの前の通りには、たくさんなひなん者がゐる、まだ時々地震がする。夜には伊藤松坂屋がやけてゐてその火がこちらへ來さうなので、またにげ仕度をした。もし火が近くなつたら、傳通院へにげようといつて、すぐにげられるやうに、門の外に出てゐたが、風がかはつて上野ステーションの方へ行つたからこちらへはこないやうになつた、僕はすぐねてしまつた。

九月三日

午前三時頃、お母さんに起こされた。空を見ると眞赤だ、聞いて見ると松坂屋をやいた火が、向側へうつり、だん〳〵こちらへ來さうなので、いそいでしたくをして、でかけるばかりにしてゐると又風がかはつて、こちらへはこないやうになつた。しかしこんな事が度度あつては、子供にはどくだから、こゝから大塚まで歩いて、おひ〳〵とおぢいさまのお國の埼玉縣の方へ避難しようと言ふので、今度はその支度にとりかゝつた。するとそこへひよつこり、自働車のうんてんしゆの、ふかざはがやつて來たので、自働車の行ける所まで乘つて、あとはどういふ、ふうにでもして、本庄へ行くといふことにきまつた。そこへ長瀞にいらつしやつた、三郎叔父様がおかへりになつたので安心した。でもまだ安心ではない。それは桃二叔父さんがおかへりにならないのだから。

やうやく支度が出來たので自働車で行かれる所まで行つて、あとは汽車でどこも行くといふことにきめて、新花町の叔父様と叔母と貫一叔父さんと、お母さんと、僕子と治子と女中二人とで、自働車に乘つて出かけた。三丁目からこまごめの方へまがり王子のていしやばのわきを通つて、ずつといくと、所々にへいたいが、けんづきてつぽうを持つて居て、せん人をしらべて居た。荒川の渡しへくると自働車は渡さないといふので持つて來た荷物をめい〳〵にしよつた。さうすると、ふしぎにもはま町の叔父様にお目にかゝつた。叔母もやけ出されて、田舍へいらつしやる所だつた。河原は、ひなんする人で黑山のやうであつた。やうやく船にのつて向ふぎしへ渡つた。一尺ばかり地われがした河原を步いて川口町のていしや場へ來た。時々雨がふつて來る。ていしや場は人が一ぱいであふれるやうだつた。とても乘れさうもない。けれど僕らたちは勇氣を出して、プラツトフホームの中にはいつた。新花町の叔父樣は、叔母樣が氣持が惡いため、はま町の叔母さまや、なにかとあとへおのこりになつた。まもなくれつ車が着いた。乘つて居る人が下りきらないうちにのらうといふ人もあり、汽車の屋根にのつてゐる人もあつた。僕はお母さんと手をつないでゐたが苦しいのではなしてしまつた。やうやく乘れた。間もなく汽車はていしや場をはなれてうごき出した。汽車の中には人がおすしのやうにつまつてゐる。「わらび」あたりで親切な人がゐて、僕をひざの上にのつけてくれたので、やつと少しらくになつた。やう〳〵大宮に來たが、こゝで乘りかへといふのでみながおりた。すると僕等がのつて來た汽車は中仙道の方へ行へといふので又それにのつた。今度はやうやく、こしがかけられて六時頃本庄へ着いて安心した。途中でみんな町の人が出て、水やむすびをくれた。お家へいつたらみなが、「よく來て來れた」といつてよろこんで下さつた。

本庄町

僕が本庄町へひなんした時其のお家の方々は喜んでいろ〳〵せわをしてくれました。僕はもううれしくて〳〵たまりませんでした。毎日せきそん下だの、ちんじゆさまだのどんりゆうさまだのいろ〳〵なところへつれて行つて下さいました。成る時は幼稚園へ行つて遊んだりしました。此のお家はいう便局なのです。だから局にも時々遊びに行きました。

赤とんぼをとるのもおもしろいことでした、うちでゑをかくのもおもしろいことでした。

○東京から神戸まで

尋四　池　本　宏

地しんが不安なので、神戸の親類へ行くことになつた。僕らは指ヶ谷町の家からまづたばたまで行つた。たばたから汽車にのる時、とてもこんだので、とう〳〵いうびん車の中にはいりました。

ところが、みんなが「前の方がすいてる、前の方がすいてる」といつてるので、その方へお父さんと行きましたら、なるほどずつとすいてゐました。中へはいつたらうまくせきがとれました。それで、たばたから大宮まではゆつくり行きましたが、大宮からの汽車はとつてもこんで、とう〳〵貨車の中には入つて、ずうつと神戸の方に行きました。その汽車は高さき行きでした。くるしみながらも、高さきまでとう〳〵行きました。高崎から今度は名古屋行がありましたから、それに乗つてみたら、これもとつてもひどい。三等のはしつこの、きゆうくつな所しか、場所がありませんでした。其の間で、僕はのうひんけつをおこしてしまつたので、べつのはしつこの一番すゞしい所に行きましたら、やつとなほりました。少しなほつたと思つたら、間もなく長いトンネルに來たので、何だかまたあつくるしくて、へんになつてしまひました。そのトンネルに二十分ぐらゐは入つてゐました。それに汽車がおそいので、大そうくるしんで、なごやまで行きました。名古屋では、あんまり汽車がこんだので、とくべつのれつ車を出した。それに乘つたら、途中でおろされました。そこからは夜のまつくらいのに、貨車のとつてもひどいのに乘せられたので、何が何やら少しもわからないし、大そう困つて、やつと、京都まで行きました。京都からはゆつくり汽車の二等で、神戸まで行きました。

○大地震大火事

心配なこと

尋四　桐淵達次

九月一日の始業式がをはつて、うちへ歸つてまもなく地震が始まつた。其時はお母さんや、あかちやんや、女中や僕は、二階にあがつてゐた。瓶がおちるかべが落ちる、おもちやが、からんどんじやかんごんと、落ちて來る。たんすの上から、机の上から、たなの上から、がら〳〵音をさせて落ちる。電氣のかさは、天井に付きさうに動く、おかあさんとあかちやんと女中は、テーブルを持つて來て、たんすの間にはいつた。たんすの上の用だんすが、落ちさうになつたので、僕はそれを、一生懸命におさへて居た。目の前に見えるとなりのくらが、がら〳〵〳〵、ぐわん、ごんごんごしんと、音をさせて、かきねを、こはしてくづれた。ちよつとゆれのとまつた時、はしごだんを降りて庭へとび出した。それを見て、弟と女中も庭へかけて來た、下へ降りてうちの中を見たら、おちやわんがかけて居たり、おはちがひつくりかへつて居たり、ビンがわれて居た。地震が五六回あつてから、下谷の仕事しが來てたゝみを出して居ると、ぢいやが來て、てつだつてくれた。又すこしたつと、植木屋が來て、てつだつてくれた。たゝみを出して竹を立てゝ、切れをはつてだいじな物を出してもらつた。それはげんくわんの前であつた。

にぎりめしをたべてげんきをつけた。親類の人も三四人見舞に來て下さつた。大火はます〱もえうつつて行く。天には恐しい煙をたてゝゐる。其の中に、兄さんも前橋から歸つて來た。しばらくしてからおとうさんも歸つていらつしやつた。ぽつかんぽつかんと音がするので、その方を見ると、何かもえてるやうに見えた。

皆は「砲兵工廠の火やくがはれつするのだ」といつた。夕食をたべたら暗くなつた。天はまつ赤であつた。そとへ出て見たら人が大勢ねて居た。十二時もすぎたし大地震もないといふので、うちへはいつてねたが、よくねむれなかつた。

二日の朝早く起きたら、下谷の仕事しが來て、病院は焼けませんと、知らしてくれたので、うちのものは、皆喜んだ。僕等は朝食をたべた。

おとう様は下谷の病院を見にいらつしやつた。十時頃になつたら往來を通る人が「市ケ谷が火事だ」といふのでびつくりした。天を見ると恐しい黒煙がぽつぽと立つて居るので「これはあぶない」とにげるしたくをはじめた。市ケ谷といへばすぐそこであるからもうやけるかくごをした。又げんくわんの前へござをしいて、にげる所などを、おかあさんからをそはつて居た。すこしたつと火事は大分下火になつた樣子であつた、お晝になつたのでにぎりめしをたべた。

三時頃になつたら植木屋が來た。「病院は燒けません」と知らしてくれたのでうちのものは、「今まで燒けなければもう燒けないだらう」と喜んだ。六時頃になつたのに、お父樣がお歸りにならないので、僕等は夕食をたべた。七時頃になつてもお父樣がお歸りにならないので、しんぱいした。天はまつ赤になつて居る。八時頃になつたらお父樣が元氣なくお歸りになつた。一時は喜んだが又しんぱいになつた。病院が燒けたさうでした。

植木屋が來てくれたので其夜は安心してねた。夜中頃になつて、目をさまして見たら、皆起きて居るので飛び起きた。火事があつたさうだ。

僕は又ねてしまつた。よく朝早く起きてしたくをして、野田君をさそつて學校へ行つた。話をしながらいつの間にか學校に着いた。石井先生から色々のお話を聞いて、家へ歸つた。晝のごはんをたべた。ばんになつてねたがよく眠られなかつた。

四日の朝もいつもの通り早く起きた。お父様が「焼け跡へつれていつてやる」とおつしやつたので僕はうれしくてたまらなかつた。いそいで朝食をたべてしたくをした。おとうさまと、僕と、夜けいに來てくれた植木屋が二人と、もう一人どこからかきた植木屋と一しよにうちを出た。大通へ出ると、ござなどをしいてひ難をして居る人がならんでゐた。何をしに行くのかどこへ行くのかわからないがぞろ〳〵人があるいて居る。電車通りには電車が、ところ〴〵に止つて居て、子供等が中へはいつたり出たりつりかはなどでぶらんこをしたりして、電車をきたなくするやうなあそびをして居た。

飯田橋迄くると、今までよりもつと大勢人が歩いて居る、そこで僕は、はじめて廣い焼けの原を見た。

あつちこつちに金こが焼け殘つて居る。方々に煙が立つて居る。電車もところ〴〵に焼けて機械だけが殘つて居た。砲兵工廠もひどいありさまであつた。或るところまで來ると植木屋さんが「ぼつちやん馬が死んで居ますよ」といふので其方を見ると、どぶの中へはいつて横になつて死んで居るのが見えた。それを見た時、僕は「かはいさうだ」と思つた。まもなくお父様の病院へついた。

病院は前におつしやつた通り丸焼けであつた。そばには少さいバラツクが出來て居た。しんさつをおすましになつた。夕方になるので、歸ることにきめた。へんなところを通つてせん人の死んだのも見た。まはりに人が大勢たかつて居て、よく見えなかつたがやうやくすきまから見た。きずだらけになつて居て腹のあたりには、何んにも着て居なかつた。上野公園の石だんを、人が黑山のやうに上つたり下つたりして居た。池のはたからお茶の水を通つてうちへ歸つた。僕はずゐぶんくたびれた。

前の東京と燒け野原の東京

一　八月までの東京

三越へ行く人歸る人、いつも黑山のやうであつた。

日比谷公園には、美しい花が其處此處に咲いて居て、池には鳥やさかなが樂しさうにくらして居た。

人に知られた白木屋松坂屋の呉服店には、出入りの人がたえなかつた。

二　九月よりの東京

九月一日の地震火災のため、三越白木屋松坂屋の呉服店は見るまにくづれた。日比谷公園の鳥やさかなは、たいがいくはれたさうだ。そこ、こゝに咲いてゐた、花は皆しほれてしまつた。

りつぱな三越けいしちようは見る事も出來ない。それをもとどほりにしなければならない。僕等は一しようけんめい勉强して、新東京をつくらなければならない。

○　火事と地しん

尋五　並木富美

一日學校から歸つて來ると、おきやく樣が二人來ていらつしやいました。おばあさんは「何かおくわしを買つていらつしやい」といつてお金を下さいました。私は「はい」といつて、すぐおくわし屋へとんでいきました。そしておくわしを買つて、かへつて來て、家の門へはいらうと戶をあけると、地しんが、がた〳〵きました。私はびつくりして、そばに居た人にかぢりつきました。それから、すこしたつと、はんしやうがぢやん〳〵なりだしました。私はもうこはくて、むねをどき〴〵

さしながら、すぐと家にはいつて、學校の荷物をふろしきにつゝんで外へ持つて出ました。お父さんは平氣でたばこをすつていらつしやいました。その夜はでん氣がこないし家へもなか〳〵ねられないでとう〳〵外へねました。

それに時々地しんでこはくてさうよくねられませんでした。そしてとうとう、そのばんは、おきてゐました。よそでもかはらが飛んだので、家がこはれたの何んのとさわいでゐました。空はまつ赤で物すごく、私はもう死ぬのかと思ひました。二日の夜になつて、火事はます〳〵ひどくなりました。そして火のこはどん〳〵來ました、もうやけ出されの人が、でん車道を通つて居ました、私はお友だちといつしよに、外に立つて人の通るのを見てゐました。ずゐぶんかはいさうな人もゐました。中で一ばんひどかつたのは、男の人でした。その人は、頭のけはみんなやけて、かほのはんぶんと手と足と、四ケ所けがをして居ました。私はそれを見た時、思はず涙がこぼれました。

それからすぐと、朝せん人のうはさが高くなりました。私はどうしてそんなことを、するのだ思ひました。二日の夜もでんきがきませんでした、私はまへの晩ねないものですから、ねむくてたまりませんでした。そしてごはんもたけないものですから、おなかはペコ〳〵にすくし、私はもう生きた心持ちはしませんでした。それでもいつかうと〳〵ねました。すこしねて居ると地しんががたく〳〵やつて來ました。三日の夜明け頃に、又一つ大きい地しんがやつて來ました。おばあさんは、そとでごはんをたいて、いらつしやいました。もう外は人がぞろ〳〵通つてゐますし、自動車は朝からがう〳〵といきほいよくはしつて居ます。車に荷物だの人だのをのせて、ひいてゐきます。私は、はやくから外に出てゐました。朝せん人がうちの前でつかまつたものですから、私はそれを見て居ますとそこへ小林しづ子さんが、たもとの着ものをきて、荷物をしよつて兄さんみたいな人と、あるいて來ました。私は「しづ子さん」とよんで「あなたどこへいらつしやるの」ときくとしづ子さんは「私ゐなかへかへるのよ」といひました。「しづ子さんのお家はやけたの」ときくと、しづ子さんはさみしさうにしたをむいて、「えゝ」と小さいこゑでおつしやいました。私はしづ子さんとわかれてから、あゝあんなことをいはなければよかつたと思ひました。私があんなことをいつたから、しづ子さんは、きつと、自分の家のことを思ひ出してかなしくなつたのでせう。私はしづ子さんにおきのどくでした。「しづ子さん早く又學校へいらつしやい。私はおまちしてゐます」といはうとして、あとをおひかけようとしましたが、もうしづ子さんは見えませんでした。

このごろは毎ばんろうそくでごはんをいたゞきました。家ではうんよく三十日にお米を二斗ほど買ひましたから、げん米をたべないですみました。私は夜はごろねをしますから、きものがたまりません。四日の朝になるとでん車通りの向の平塚神社にはひなん者が大ぜいゐました。私と友だちのしづゑさんと平塚様にいつてゐると、地しんが又やつて來ました。それからは自動車で地しんが、いく時いく時に來ると、しらせがきます。私はそのたびにむねがどき〱としました。四日の晩から朝せん人がさびしいところに火つけすると言ふので、青年團が、かど〱になはをはつて、あやしい人が通ると、とりしらべました。私もそのそばで見てゐました。

一々「自動車止まれ」――と大ごゑでいひながら、その自動車をとめといて、その中の人をしらべました。五日の朝早くから、外で大さはぎをやつてゐますから、私はごはんも食べないでとび出しました。すると今、朝せん人が逃げたからといつて、前のさか屋の、をぢさんは、じてん車で追ひかけるところでした。をぢさんはじてん車をとばして行きましたが、しばらくたつてかへつて來ました。がつかりしながら、にげられたといつてゐました。六日夜私の家ではにづくりをして、ほら火事だと云ふと、すぐもち出せる樣にして居ました。私はこの前からのつかれで何にもしらないでねました。五日の夜でんきが、きえたりついたりして居ました、とう〳〵きえてしまひました。私はそれからねました。六日になつても、まだ火のこはどん〳〵來ました。私は「おばあさん火がふじ前のちよつとそばまで來たのよ」といふと、おばあさんは平氣で「何かみくづどうする」といつたものですから、私はふき出しました。お父さんは「おばあさんは耳がとほいからしかたがない」とおつしやいました。七日朝目をさましました時には、おばあさんは、もうほとけさまをだいて、外で近所の人たちと話しをしていらつしやいました。私は金ぎよはどうかと思つて、はちを見ると水一つありませんでした。私はすぐとはちの中へ水を一パイ入れてやりました。金魚はよろこんで水の中を、およぎまはつてゐました。いつもたべてるおやつがないものですから、何んだか口がさびしくつてたまりませんでした。お金ばかりもつてゝも、おくわしはどこでも、うつてゐませんし、私はほんとにこまりました。七日の夜は、もう方方では、ちやうちんをもつて歩いてゐました。すると急に前どなりで、なくこゑがしましたから、私は急いでいつて見ますと、赤しさんのおばあさんが、自分の子供が、かへつて來たのがうれしくつてないたさうです。八日朝早く起きてたれかこないかと思つて、門の所へ行つて見て居ると、牛ごめのをばさんが、いらつしやいました。私はすぐと家へはいつて、をばさんと、お話をしてゐますと、とつぜん水道が出はじまりました。矢來の方では水道の水が、でないでをばさんたちは、とほくの方の家まで水をくみに行かなければならないのださうです、ほんとうにおきのどくです。そして井戸にもみづをくむ人が、ついてゝ、すこしでも水をこぼすと、それこそおこられます。だからせんたくなどは、山のやうにあるのですが、ちつとも出來ないさうです。それを思ふと、私たちはしあはせです。それから少したつてをばさんは、おかへりになりました。何んだか人が一人でもへるとさびしく思ひます。私はあまりさびしいものですから、外にたつてゐました。八日の夜は私はいつもよりはやくやすみました。十二時頃ふと目がさめました。けれど何事もありませんでしたから、それなりねました。九日朝早く起きてお父さんと一しよにやけあとを見に行きました。松さか屋は門だけのこつて、あとは何も殘つてゐませんでした。それからお茶の水もやつぱり門だけでした。向つて右の方のはしらは、少しこげてゐました、私のいつた時はどつちを見てもやけの原でした。私はあまりにちがつた東京になつたので、びつくりもし、かなしくもなりました。去年などは、この三越へ來てエレベーターなどにのつたこともあるのに、もうその三こしさへやけてなくなつてゐます。いろいろ考へると、おとゝしの春この三こしで友だちのきみ子さんなどと一しよに、二かいでお話しながら歩いた事を思ふと、かなしくなります。又お話の時みなさんが「面白くてこはくてかなしいお話をして上げませう」といつた時私は「えゝ」といふときみ子さんは「おにがおならをして死んぢやつた」といつて笑ひましたのも、やつぱしこの三こし。思へば思ふほどつきらなくもかなしくもなります。九日夜はあんまり歩いたものですから、まだ皆の話をして居る中に、私はざぶとんの上にすわつたまゝ、ねいつてしまひました。十日は朝からいそがしいものですから、家でお手づだひをして一日をすごしました。夜はおばあさんの話で、もちきりでした。おばあさんは、地しんであつても耳がとほいものですから、きこえないとて大笑ひをしました。

○夜警

尋五　甲斐　誠

僕等の家の方では、地震から二三日して、夜警がはじまりました、どうしてそんなやつかいなものが、はじまつかといふと、それは近ごろ朝鮮人がつけ火をしたり、井戸の中にどくやくを入れたり、ひなんしてゐる人にどくまんぢうをくはせたり、さま〴〵のわるいことをするからです。それから朝鮮人が火をつけるでばかりでなく、でんきがついてゐないため、ちやうちんをつけつぱなしにして、ねたりするのからもおこるからであります。やけいには家々から、一人づゝ出ればいゝのです。

皆はをだはらちやうちんに、ほうちようのやうな、なぎなたをうちから引つぱりだしたり、かたなをもつて來たり、はなはだしいのは、たねが島の火なはのてつぽうなどを、もつてゐるのもある。僕はおもちやのかたなをもつて行きました。

夜はしん〳〵とふけわたつた。まるいお月樣がさびしさうに、下界を見下していらつしやいました。今夜は僕の家の夜番である。僕も物ずきに、れいの刀をぶつこんでたけやり、りゆう〳〵としごいてでていつた。夜警ごやには二三人集つてゐた。

皆のちやうちんは、かすかな光で、外をけいかいしてゐる。すると犬のとほぼえとともに「おうい〳〵」と聲がする。こはなにごとと、かけつけて見ると、いま前川さんのやしきに、三人のあやしい人かげが、見えたと云ふ、それは大へんだといふので、六七人と僕はかけ出した。するとやしきの林の中に、くろいものがうごいてゐるので、うんとばかりに竹やりでついてやると、「きやんきやん」と云つて、くもをかすみとにげさつた。すぐ僕はこてをかざして、にげあとを見ると、四ツ足でしつぽが長く、みみのながいけものであつたので、はやがねのやうにうつしんぞうを、やつとなでおろした。さういふ日はいく日となくつゞいた。

地しんの日から一番こまつたのは食物であつた。はじめの中は、白米があるにはあつたけれども、ばんとうたちがゐるから、長もちはしない。二三日したら、米びつはからになつてゐた。しかたなしに、町へ、ばんとうたちをやつて、げんまいをかはした。やつと一斗ばかりかつてきて、それをかゆにして、たくあんをぽりぽりとたべながら、かゆをすゝり、日をすごしてゐた。

ある時、ばんとうが、みそづけをかつて、たべさしてくれた。その時のうれしさはなんとも、たとへやうがありませんでした。

僕は昔のしろぜめにでも、あつたやうなきもちがした。

げん米にたくあんぽり〳〵……いもうとは、がまんが出來なくなつたと見えて、「いやだ」といひ出したので、かゆの中にさつまいもをきつていれてやつたら、すぐにいもばかりくつてしまふので、僕や兄さんはいつでもたべられなかつた。食物と云ふものは、人間にとつて大切なものだと僕は思つた。

○私の心配

尋五　越村喜美

九月一日、この日は私の誕生日であつた。學校から歸つたのが十一時位であつたらう。みんなおなかゞすいたといふので早くごはんをたべた。十一時半位の時、私がオルガンをひいてゐると、そこへお母様がいらつしやつて「子供新聞が來ましたよ」とおつしやつて、それをおいていらつしやつた。私はひいてゐるのをやめて、新聞を見た。一頁の終り位のところをよんでる時、弟がはいつて來た。

弟は一生懸命におもちやをいぢつてゐる。それから一分位すると、みし〳〵〳〵、がた〳〵〳〵がら〳〵〳〵とはげしくなつて、家がゆれる。私はすぐ地震だと思つて「地震々々」といひながら、お母さまのところにとんでいつた。その後を弟がとんで來た。私がお母様のかほを見たら、青い色して大手をひろげて私達を外に出さないとでもいふやうにしていらつしやる。おばあ様が「外へ出ちやいかん〳〵」といつていらつしやる。庭の方を見ると、池の中にかはらは落ちる、鯉は外へはねる、金魚鉢はわれる、池の水は波のやうにうごく、上の方を見ると二階はたふれさうになる、たなからは物がころがる、佐和ちやん（いとこ）はなく。物が落ちる音、泣くこゑ、「わあ〳〵がちやん〳〵」ものすごい。お母様が、「地震がやんだら、下駄をはいて原へおいで」とおつしやつた。地震がやんで外へ出た。出て見ると、みんな原へ來てゐた。

原から家を見ると、二階の瓦はおちて、一つのところに集つてゐる。もう一ぺん大きなのがくると、瓦は下に落ちてしまふ、おばあ様の家の戸は、かたつぽはづれてる。私は「あゝ地震の時には死ぬかと思つた位ですよ」とお母様に話したら、「私は二階を見たらずゐぶんゆれてゐるからつぶれると思つた」とおつしやつた。

そこへ東京日日新聞社の配達人が、お菓子をもつて來て「どうぞたべて下さい」といつて、二つづゝ私達に渡した。私はきらひなので、お母さんに上げた。その時南方から黒煙が立つた。みんなが「火事だ〳〵」と煙の方を見た。「ぢやん〳〵」と半しようを役場の人がうつ。ポンプが出る、消防隊は火事の方に向つた。

　又煙が立つた。今度は前のより煙が近い。ある人の話では、學習院の理科室がもえてゐるとのことだ。

　神田方面からもどん〳〵煙が上つた。そして白い煙か雲かわからないものがむく〳〵と上る。そんなものを見てゐる時、又地震があつた。佐和ちやんはまたなく。一たん家にかへつた人は、又原へ〳〵とかけてくる。地震がすんだので、お母さんは、家におはいりになつて、私達のきかへやお父様のきかへをもつていらつしてをぢさんの家においていらした。

　そして原にかへつていらつしやつた。其後から、お母さんがござを持つて來て下さつたので、その上にすわつた。

　その中にお父さんがおかへりになつた。顔中あせだらけになつていらつしやつた。お父様は海軍省から、あるいてかへつていらつしやつたのです。地震のために、もう電車が通じないのです。

　私はこはいので、原からよその方へいかなかつた。お母様やおばあ様やお兄さんは、へいきでをぢさんのところや家の中にはいつたりしていらつしやる。地震は晩までにずゐぶんあつた。その夜は野宿をした。晩は空一面眞赤であつた。

火事は中々とまりさうもない。寢てゐると地震がよくわかるのですぐ起きる。一時頃であつた。ふと目をさますと口にぬれ手ぬぐひがかけてあつたので「どうしたの」ときいたらば、お母樣が「毒がすが來るので、靑年團の人がいつて來たんだよ」とおつしやつた。その中に佐和ちやんも起きた。手ぬぐひもいやになつたのでとつた。まだ火事はやまない。何度も地震があつた。夜明けたなるにしたがつて、火事の色もうすくなつていく。

二日の夕方の事である。私が伯父さんの家の前にいすがあるので、こしかけて見ると、靑年團の人が、紙に「つけ火あり御用心」とかいたのをはりつけた。お父樣が「つけ火があつたのですか」とおつしやつたら、その人は「えゝあつたのです。なんでも鮮人がつけたのださうです」といつて、つか〳〵馬屋の方にいつた。

それから少したつて、「今鮮人がつかまつたんだよ。いつて見よう〳〵」と、近所の子供が交番の方にはしつた。

私はお父樣と一しよに、表通りにいつたら、お酒屋の家がまがつてゐて、その家のとなりは、二軒ともべつちやんこにつぶれてゐた。そこをよその人が、土や板をとりながらなほしてゐる。「自轉車止」とかいてあるので、自轉車にのつて通る人はみんなおりる。ある人はしらなかつたのか、わかつてゐたのか自轉車を止めずにいつたので、八百屋の主人が「自轉車止と書いてあるのがわからないのか」といつてその人のせ中をげんこつでぴしやりとうつた。

その人は「今おりようと思つてたんだよ」といつた。

私達は東京日日新聞の支社のところに、地震の事なんかや、やけてゐるところなどをかいてゐるので見にいつた。鮮人はどこにもゐなかつた。けれども、その夜は鮮人が出るといふので、夜警をすることになつた。

此の日も家にはいれずに野宿をした。

九時頃であつた、伯父さんの方でなんだかさわがしい。その時に「いまはいつた〳〵」といふ聲がする。「そら鮮人がゐる」といふのでみんな伯父さんの家の方へいつた。何にもゐなかつた。此の日の夜警は、いつもよりにぎやかであつた。たれでも、手には、棒、ステツキ、カマ、ピストル等をもつてゐた。

「鮮人がどうかしないかしらん」と思つた。いとこのきよちやんと、よつちやんはよくねてゐる。あとのものはみんなおきてゐる。火事の方はだんだんこちらの方へ向つてくる。もしこゝいらでつけ火はないかしらと思つてると、お母様おばあ様等が火事の話をしていらつしやる。もしかしたら、やけるのかしれないとか、わたしはにげるようぃは出來てゐるとか、そんなことをいつていらつしやる。

お母様は私達が起きてゐるのを見て、「はやくねないと、もし火事がある時に、にげられませんよ」とおつしやつたが、私達はやつぱりねられない。少しするうちに、うと〳〵としてねてしまつた。

朝起きて見ると、まだ、だれも起きてゐない。

私はすぐに伯父さんの家にまくらをおいて、顔をあらひにいつた。よその人もだん〳〵起きました。

その時に、いとこが「鮮人がゐるから役場にいつてみてこよう」といつたので、私は見にいつた。いつて見ると七人もつかまつてゐた。ごはんをたべる時なんかは、こはくて〳〵たまらないので、少し位たべてすぐやめてしまふ。此の日は、うちでねることになつた。此の日からは、ひじようせんをはつた。おばあ様の家のへいの前のかどと、家のへいとの間がそれだ。

おばあ様は「どんなひじようせんかみにいつてこよう」といつて、みにいつたが、ちよつと見てかへつていらつしやつた。「なんだつまらない。ただなはがひつぱつてあるだけだ」とおつしやつた。お母様は「あれはちがふのですよ」といふと、おばあ様は、「たゞどんなものかみにいつただけよ」とおつしやいました。

私達は伯父さんの家にゐた。どこもかもあけつぱなしで、家の前は伯父さんたちが見張りして下さつた。此の夜もなか〱ねむれなかつたが、いつの間にかしらずにねむつてしまつた。お兄さんはひじようせんのところにいつていらつしやる。そこには、人が六人あつまつてゐて、とほる人たちを、きをつけてゐるのださうだ。

二時頃目をあけて外などを見てゐると、「火事だ大へん〱」といふので、みんな「それ鮮人がつけた」といつてはね起きた。お父様もいかれるつもりで、下駄をはきかけた。ところへ行本さんがきて、「ちやうちんがもえただけですよ」といはれたのでやめにした、私達もやうやく安心した。

私は又ねてしまつた。朝起きたらどこも起きてゐた。私が外に出たらば、牧野さんといふ人がゐたので「ひじようせんをいつ位までやつたの」ときいたら、「五時位までやつたんだよ」といつた。非常線は五六日もしてやめた。

夜警の方はまだやつて居るが、たゞせんみたいに、にぎやかではない。毎日一軒の家から一人づつ出て、三軒位でいつしよになつて、ひようしぎをならすだけである。

いまでは地震があつてもあまりきがつかない。

山田さん

山田さんといふのは、私の家の親類の人です。

今度の火事で家が焼けてしまひました。

山田さんは淺草の十二階のそばに病院を持つてゐました。

地震と同時に「火事だ〳〵」といふので、すぐにくわん者につきそへをつけて逃げる用意を始めたのださうです。始めは上野ににげて行つたが、次第に上野もあやしくなつてきたといふ時には、くわん者なんかとはちりぢりばら〳〵になつてしまつたさうです。そしてあすか山までにげて行つて、そこで二晩ねて、今度はあすか山から私の家まで逃げていらつしやつたのです。

私の内についた時には、もう夜で、ちやうちんをとぼして、ねる用意をしてゐるところでありました。その時「ごめんなさい」といつてはいつていらつしやつたので、おばあ様が「どなたですか」とおつしやつたら、「山田です」とおつしやいました。そしたらおばあ様は「あゝ、山田のじゆんさんですか」とおつしやつた。

お風呂にはいつて、ごはんを食べようとした時に、山田さんが、「よめが帯がなくておじぎが出來ないといふから、どうか一本かして下さい」とおつしやつたので、お母様の帯をかして上げた。

それからごはんを食べて、すぐにお休みになつた。

翌日は、病院のおいしや様の家のとなりがあいてゐるといふので、中野までいらつしやつた。もし家があいてゐたら、私の家までもどつてこないつもりでおいでになつた。

それから九月二十二日の日に、山田のをばさんが、なくなつたといつて來ました。そして山田さんは今病氣だといふことです。

○大地震

尋五　小林廷

一日に學校から歸つて來て、ごはんをたべてから、すぐ外へいかうとしてゐるとなんだかみしくといつて來た。「地しんだな」と思ふてゐる中に、おかあさんが、「こちらへおいでく」と言つたから、行かうとすると、ひよろくしてなかくけない。その中にはげしくなつて、いまにも家がつぶれさうでした。ちやぶだいから、ちやわんがおちる、たなからやくわんやいろくの物がおちる、とだなの上から茶づゝがおつこちて、あつちへころがり、こつちへころがり、池の水は大波のやうにはげしく波を立てた。その中にだんくしづかになつてきたから、そとへ出て見ると「いわしやが火事だ」と青年團からほうこくがきた。火事場までいくと、いわしやのとなりも、三味線やも、いまやけてゐるところで、大變だつた。そこの家は二階屋である。まどからちよろくと火が出てゐる。それから家へ歸つて來たら「家へは入れないよ」とお母さんがいつたから、家へは入らなかつた。それから裏のおぢいさんが「久世山へ行つてござをしいてゐるといいから」と言つたから、みんなでござをしいて休んでゐた、なんだかうちまでもえてきさうで心配でならない。母は「大丈夫だよく」と云つて空を見上げると、白いくくもがもうくたつてゐていまにも下へ、おつこつて來さうである。

註　いわし屋といふのは、音羽九丁目の江戸川橋近くで、作者の家は、そこから遠くもない水道町にある。

○大地震とまう火

尋五　平野長久

あゝ大地震にともなふ大火さい。もう五ケ所から火は出てもう〳〵と黒煙をはいてゐる。皆の目は一様に煙にそゝがれてゐるたがひに不安さうである。

町のきうご員や青年團はいそがしさうにかけまはる。

夜になつた。南と東は眞赤である。少しきえかけさうと思ふと又つき、火はます〳〵廣がるばかりだ。

よく日ももえつゞけた。

火事がきえてからやけあとを見にいつた。

目をさえぎるものはやけたれんが作り。ずーとつゞいて向ふのそらにかくれてゐる。あゝ何十年とはんえいした東京は今はものすごいやけあととかはりいたる所に燒死者はごろ〳〵としてゐる。思へば世界有數とほこつた東京も一夜のゆめときえた。しぜんの力の恐ろしいことはこの一つでわかる。

東京市は、このまゝ火の爲數萬の人をうしないいく億の金をうしなつた。思へば僕等のにんむは重い僕等はこのにんむをむねに學問にはげまなければならない。

○東京と横濱の大震火災

尋五　大谷鐵彌

僕が一日の日、晝飯をたべて居ると、がた〳〵とやつて來た。なんだと思ふ中に、ます〳〵ひどくなる。僕はびつくりして、そとへ出ようとしたら、兄さんが「あぶない」といつたので、たんすのよこにかくれた。やんだからそとへ出た。あはてゝはだしででてしまつた。畠へひなんした。下駄をはいて出たらよかつたと思つた。それから少したつて、姉さんところの井戸ばたへいき、あしを洗ひ下駄をはいた。水をくんで、弟とお母さんのところへ下駄と一しよにもつて行つた。

その中お父さんが、かへつていらつしやつた。お父さんは、やくわんのなかに、なにかと書物とを、もつていらつしやつた。お父さんは、もう少しのところでつぶされるのだつたさうだ。お父さんの會社はやけてしまつたさうだ。

お母さんは、「家はだれもゐなくて、どろぼうでも、はいるといけないから」といつて、兄さんにお金だけを、とつてくるやうに、おつしやつた。兄さんはお金をもつて來た。しばらくたつと、うちへ行つて、自分の洋服をもつてきて、それを着るとどつかに行つてしまつた。

そしてぶら〳〵して居るうちに、太陽はいつの間にか西へしづんでしまつた。

僕たちの居たところのうしろは林になつてゐるので、くらくなるにつれて、だん〳〵さびしくなつて來た。東南の方を見ると、まつ赤になつて居た、僕はそれをいつまでも、見て居たが、二三日は、やみさうもないと思つた。日はいつのまにか、くれてしまつた。

翌日の朝もやつぱりけむりは、むく〳〵出て居た。つゞいて朝鮮人さわぎがはじまつた。

若い男の人は、ぼくとうや、一二三尺の木などをもつて居た。そのうちに、「ほら朝鮮人がきた」と、いふのでみんな追つかけていつた。内の兄さんなども、それにまじつて居つた。兄さんが、かへつて來たので、「つかまつた」と僕が聞いたら、朝鮮人ではなかつたさうだ。

それからたき出しのところに行つて、御飯をもつてきた。おかずは何もないのだから梅干でたべた。

お母さんは、横濱の姉さんところや、叔母さんところは、どうしたらうと、言つて心配していらつしやつた。

時々砲兵工廠の、ばくはつの音などもきこえた。それから姉さんと二人で、水をくみに行つたりした。

太陽はしづんでしまつた。暗くなるにつれて、所々に、ちやうちんや、ろうそくなどが、ついてくる。八時頃になると、弟やぼく等と一所に、避難してきたせのをさんの、小さい人たちは寢てしまつた。月も出て來た。

三日の日は、もうだいじようぶだと言つて、家へはいつた。だが僕や弟や姉さんは、やつぱり畑に居た。ひるごろ、うちへは入ると、わり合ひに、大きいのがゆすつた。お母さんたちもそとへでた。

青年團が「朝鮮人に、ほう火されるといけないから、荷物をみな出して下さい」と言つてまはつた。僕はねてしまつた。夜半に目をさました時は、火はずゐぶん下火になつて居た。

明方目をさまして見ると、一時は下火になつて居たのに、ずゐぶんもえて居た。

四日は大丈夫だと思つたから内に居た。

けれどひる間は、外で遊んだ。

よるは、お母さんやお父さんが、かはる〳〵起きてゐた。二階にねるとあぶないと云ふので、階下にねた。兄さんは夜けいに出た。

三日の日だつたか、朝八時に、甲斐君が來て、「學校に行つて見ないか」と言つたから一しよにいつた。先きに四部の方に行つて見たら、屋根が大ぶんいたんでゐた。二部の方へ行つたが、少しもこわれてなかつた。本校の方に行つたら、文部省の事務所があつた。

六日朝、横濱の姉さんたちの、やうすがわからいから、兄さんが朝早く出て行つた。僕はその日は、なにもすることがないから、やつぱり外でぶら〳〵遊んでゐた。

その日のよるは、わりあひおそくまで起き居た。お父様は、いつものとほり、夜警に出た。青年團から「女の大人がうちのまへなどに居るのをみつけたらすぐさけんで下さい」と言つたので、お母さんは出て番をした。

七日の日、お母さんは「兄さんは歸つて來るかも知れない、無事で居ればいゝけれど、どうだらう」と、おつしやつていらつしやつた。僕は何もすることがないからやつぱりぶら〳〵してゐた。

たまに、ゆりかへしが來た。その日、兄さんは、かへつてこなかつた。この日から、僕は二階にねた。兄さんは八日のおひるすぎにかへつて來た。

横濱の姉さんや、お叔母さんのところはやけてしまつて、きのみきのまゝだけれども、みな無事で居たさうだ。姉さんたちは、明日、内にくると言つたさうだ。お母さんは、ずゐぶんよろこんで、いらつしやつた。お父さんが會社からかへつていらつしやつてから、その話をしたら、お父さんも大さうよろこんでいらつしやつた。

九日の日もそとであそんで居たが、時々内へかへつて、お母さんに「姉さんたち、きた」ときいては又そとへ出て行つた。

とう〳〵その日は來なかつた。僕は毎日こんなにぶら〳〵して居つて、つまらなかつたが、地しんのためだと思つて、がまんをして居つた。

十日の日おひるごはんをたべにくると、横濱の兄さんと姉さんがごはんをたべて居た。僕も姉さんや兄さんと一しよにたべた。姉さんは頭をくしやくしやにしてゐるし、兄さんは、あせびつしよりかいてゐた。姉さんの話によると、おうちのふすまはをれ、がらす戸はわれ、たんすはたふれるので、姉さんは今死ぬか今死ぬかと思つて居たさうだ。そのうち兄さんがかへつて來たので、二人でたびはだしでにげたさうです。大通りに出た時は、鐵くわんがはれつして、水が一二尺もたまつて居たさうです。その中を通つて、叔母さんの内へ行つて、叔母さんたちと一しよに後の山へ、逃げた。叔母さんのうちのよこは、一間か二間ぐらゐの龜裂がして居たさうです。けれどもまだあぶないやうだから、久保山の方へにげた。その山にある小さな牛乳屋におちついた。その時はせまいところに、幾人もねたさうです。學校のせいとなどが、朝鮮人でもきたやうに「わあわあ」といふこゑでおどかしたりして、びつくりしたさうです。それから四五日たつて、いそごのしんるゐのうちに避難して行つた。

いそごのうちでは海が近くですから、つなみが來はしないかと、ずいぶん心配したさうです。横濱はこちらより、ずつとひどかつたさうです。僕は横濱はこんなに、ひどくないと思つてゐたのに。

註—作者のお父樣のつとめられる會社とは書肆冨山房のこと

○夜警

尋六　田中實

一　深夜

何十人も集まつてわい／＼さわぎたつた夜警も靜かになつた。八人集まる筈のが三人はずるけてこない。皆は蜂屋さんの門前にえんだいを出してこしかけてゐる。皆は退くつなので雜談ばかりしてゐる。

「やはり山の手はいゝですね」

と道榮寺へ避難して來た人がいふ。

「地震にも火事にもいゝですよ。下町はひどかつたですよ。地震と思ふとすぐ火で、火あしが又おそろしく早くて私は人形町の者ですが何も出さずに飛び出しました」

「音羽の火事はそれでもよくきえましたよ。今宮樣から火が上へきたらこの邊は灰ですよ」

話がとぎれると皆あくびをする。

道榮寺に避難してきた人と中村さんは

「どれ一まはりしてこようか」

と立上つて拍子木を取つた。

「いつといでなさい」

と僕たちは言つた。

二人の姿はやみの角をまがて見えなくなつたと角の向ふで拍子木をうちはじめた。

「かち〱かちかち」

その音がきこえなくなると又遠くで拍子木をうつ音がかすかにきかれた。

二　夜　明　け

霧が深かい。皆はねむさうにしてゐる。中村さんはえん台の上でマントをかぶつてねてしまつた。

きりの中に近くの電柱がおぼろに姿を現はした。だん〱明るくなつて霧の流れるのがみえるそのうちに人が通りはじめた。

と「あゝあ」

大あくびをして僕はうちへはいつて行つた。

○ぜいたくをしたから

尋四　佐藤政子

私はお母さんにどうして今年はこんなさいなんになつたのでせうと、きゝました。お母様は「あんまりぜいたくしたからこんな地震になつたのだ」とおつしやつた。私は又きいた。「それでは高だいの人は家がまがつたくらいで、すんだけれど、どうして、あさくさやおなりもんの方はやけたでせう」「高だいやあまりひらけない所はあまりぜいたくをしなかつたから、たすかつたのです」

「それではあさくさの方の方はぜいたくしたのですか」ときゝました。

「えゝ高だいの人は、あさくさの方の人とくらべるとぜいたくでないからたすかつたのだ」

「だつてお母さまあさ草の方の方でも、ぜいたくをしない方も、いらつしやるでせう」

「えゝゐるけれども、そうゆう人はたすかつたでせう」

とおつしやいました。私はそれもほんとうだと思ひましたけれど、ぜいたくをしない人はかはいそうだと思ひます。

うた

どうしてじしんが起つたの
あまりぜいたくしたからよ
もうぜいたくはやめませう
又じしんがくるからね

○慰問袋

高一　馬屋原驗二郎

「皆さん早くお集りなさい慰問袋を上げますから早くお集り下さい」と、青年團の團員等はかうさけびながら通り過ぎました。

「驗ちやん行つて見ませう」と國ちやんが迎ひに來ましたので僕も姉さんと一緒に行つて見まし

た。掲示板には何々縣人寄贈とか〇〇青年團寄贈といふ風に澤山な寄贈品がありました。

花の如き帝國の首都として田舍の人のあこがれて居つた都も大震火災のために、空々とした燒野とかはりました。此のうはさを聞いた他所の人々の驚はどんなであつたでせう。其の驚きは變つて、ほんとうに淸い眞心のこもつた慰めの品が出來、そうしてこの樣に送くつて來たのです。

又わざ〳〵各縣人たちに助けるために上京して來たのですなんと言ふ嬉しいことでせう。

「さあ〳〵早くお次の方は前へいらつして下さい」

僕は此の聲で今まで考へこんで居つたのに氣がつきました。間もなく僕の番が來たのでなんとも云ふことの出來ない心持で姉さんと二人で慰問袋をいたゞいて歸りました。

「兄さんいたゝいて歸つて來たの、いくつ」と弟は僕や姉さんの姿をいち早く見つけて言つて來ました。

「誠ちやんは何がはいつてゐるのでせうね早くおうちへ歸つて開けて見ませうかね」

と姉さんは弟の手をひいて僕と三人でいそいで家に歸りました。

「お母さんただ今」

「二ついただいて參りましたのよ」と姉さんは早速ハサミを持つて來て糸を切り初めました、今まで笑つて話してゐたのに皆靜になり默つて姉さんの手元を見つめて居る。

「あら僕にちやうどよいランニンググツがありましたよ」

と、弟は突然皆の沈默を破つてさけんだ姉さんは一つ〱袋から出しましたらいろ〱のものがはいつてゐた。ハミガキ、マツチ、ロウソク、ハリ、イト、イトマキ、石鹼、鉛筆、チリガミ、フロシキ、ハガキ、シヤツ等が出て來た。

お母さんは「まあ何んて有り難いでせう」

「早速まにあひます」とおつしやつて大喜びでした。そしてすぐ御禮狀を出しました。

○ 震火災當時の有樣

高一　石　上　清

一度大きな地震があつたため皆の心はビク〱してゐる。少し地震があるとはだしのまゝで飛び出す。「ガタ〱」「それきた」「大きいらしい」と先づ第一におば樣が出る僕も續いて飛び出る。おぢ様は「何此の様な地震が」とひざをくんで悠然として居られる。止んだので家の中に入るとおぢ様「お前達は急ぐので困る」今少し落ちつきがなくては困る」、とおしやつた。僕等は「ハイ〳〵」と答へる。又御飯を食べて居ると裏の道路で「ガヤ〳〵」人聲がする。何んだろうとよく聞いて見ると朝鮮人を引張つて來た様子塀の上から見ると近所の人々が三四人の朝鮮人を捕へて連れて行く。朝鮮人「僕何にも悪い事しない何處へ連れて行きます。」と變な言葉でたづねて居る。「どこでもよいから歩け」と鐵や、木の棒を手に手に持つて引張つて行く。家へ入ると今度は表が、さはがしい出て見ると朝鮮人が一人逃げたといふので裏山へ行くと皆が一生けんめいに追ひかけて行く。後には何處かへかくれて見えなくなつた。中々よく走るそうである。それから朝鮮人を捕へる様になつて、その夜は方々で鮮人を捕へて居た。一日二日の夜は庭で寢た。けれ共火事が心配で眠られない。まだ神保町が燃えて居るのに「傳通院が今燃えて居るのだ」と云つて心配して居る。僕はお庭で寢たのでせつかく、なほつて居た風を、又引いた。又三日位たつて夜警に居眠りをしたのも、この時だ。毎日よるとさはるといつて居た「こんなに毎晩眠られなくちや、病にかゝるよ」といふ一方でも「全くだよ」と云つて居る。

「毎日〳〵さはいで居つても仕方がないから勉强をはじめなさい」とおば樣に云はれて初めて「アアさうだ」と氣がつきそれから、勉强をはじめた。

けれ共一度燒け跡をかたづけないうちに見に行きたいと思つたので、おば樣に願つて行く事になつた。其の日になつて誘ひに行くと「お飯をたべたら行く」と云ふので「僕もたべて來る」。と云つて歸つて來た。御飯を食べて行くと「もうよそう危險だし、つまらないからよそう」と云ふ。「だけどせつかく來たのだから行かうよ」とすゝめたので行く事となつた。電車に乘つて行くと初めは家の瓦が落ちて居る位であつたが段々行くに從つて家の損害がひどい到々燒け跡まで來たので神保町でおりた、

それから歩いて行つたが實にひどい教科書を作る三省堂も前の俤は何處かへ消えて殘るは灰のみであつた。「淸さん、こゝが三省堂のあつた所だね」と誠さんが云ふ「そうですね」と話しながら誠さんの神田の電氣學校迄來た。見ると家は皆燒けてなくなつたり唯少し二ケ所に殘るだけである。窓ガラスはしはのよつた布の如くになつて居る。それから九段の方へ廻はつて行つた。途中で、飯田少尉にあつた。僕は飯田さんと坪井少尉とを間違へて「坪井さん」と呼んだ。もとより間違つて呼んだ

のだから返事をする筈がない。どん〳〵馬を走らせて聯隊へはいつた。僕等は九段の聯隊へはいる橋の上から見下したが實にあはれなものであつた。

初晩夜警

「今晩五時頃から裏山へ集つて下さい」と云ふ手紙が伯爵の土屋家から來た。僕の家ではおぢ樣が聯隊へ行つてお歸りにならないので、僕がいつた。行くと近所の人々が七八人集つて居た。

僕は小供のくせに來たのかと思はれると思つたので何んだかきまりがわるかつたので、だまつて一番すみの方へはいつて、つつたつて居た。すると隣の方が「すまないが五十七番地の家々をまわつて早く來て下さいと言つて來てちやうだい」。とおしやつたので僕はかけ足で各戸を廻つて歸つて來た。「御苦勞樣」と誰かが云つた。しばらくたつた後相談をはじめた。

土屋家から來たカソリと云ふ方「私から先づ第一に話しますが、此の度朝鮮人が家に火つけをするといふので御苦勞ながら皆樣に警戒の相談をしていただきたいので集つていたゞきました」。とそろ〳〵カソリ樣が評議をはじめた。

これからいろ〳〵の意見があつて相談がきまつたのが左の通り。

警戒所
(一)五十七番入り口　(二)六十二番入り口
(三)篠川神社裏鳥居　(四)裏山

であつた。ちやうど裏山は僕等の近所十五六戸である。其の夜の警戒は僕等五人計りであつた。裏山へ行つて初めの間は廣い山をあちらへ行つたりこちらへ來たりして居つたがやがて、かり小屋の中へ來て皆でいねむりを「コクリ〳〵」とやりはじめた。遂に一時前迄眠つてしまつた。一時前になると皆がひよこり〳〵頭を上げて居る。けれども僕は十一頃起きて又寢たのでねむくてねむくてたまらない。到々一時になつてしまつた。するとそばに居た勉さんが「おいおきろよ、いつまで寢て居んだ淸さん〳〵」とゆり起して吳れた。僕はすぐ起きたが勉さんは僕がねぼけて居るのだと思つて「又一廻り廻つて來よう」と僕を行きたくもないのにむりに引つ張つて行く「僕は初じめはいやだ」と云つたが强く引くのでひよこ〳〵歩み出した。後では小屋の中で二三人笑つて居る。余程僕の顔がねむさうに見えたと見える

○恐しき流言

高二　安藤多加

大正十二年九月一日あゝ何んといふ呪はしい日であらふか、午前十一時五十八分の大震と共にあの大火災はどんなに人を驚かしただらう。忽ちのうちに東京を焦土とし、又幾萬の人を亡くした。生き残つた人は又恐ろしい流言等におびやかされたのである。私等もやけはせぬがやはり焼けないだけに一層又不安な日を毎日〳〵と暮したのである。今その恐ろしい一事を書き出さう。

一日のもう薄暗くなつた頃、大方六時頃だつただらう、ざくろの下に近所の人々と共に晝の大地震の話をしながら餘震の心配にふけつてゐた時であつた　自動車に乘つた職人體の人が通りながら「今盛んに飯田町がもえて居ますよ」と行きすぎた。小さな子供は地震が止んでゐるのに未だ「南無阿彌陀佛南々々彌陀佛」と御念佛を唱へて居る。又どこの人だか隣のおばさんに「もうすわ町に火がつきましたよ、まあ御めん下さい」と出て行く。橋に火がうつれば、それこそ大變だ、命は無いとあきらめたが、慾に慾を起して、そこいらにあるものをまとめたり、腰にむすびをつけたりした。夜は次第次第に更けて來る「もう造兵廠に火が入つた」などと人毎に變つた注進がどし〳〵來る、私等はその度毎に帶をかたくしたり、たびのこはぜをはめ直したり、いざといふ場合の用意をしながら夜を明かした。昨日からの火炎はもう〳〵としてまだ明けきれない空にうごいてゐる。もう今日は二日となつた。朝より鮮人さわぎで驚かされた　角角には在鄕軍人だの有志等等が、手に手にこん棒杖を結び付け、張つてゐる。「それ四つ目の路に入つた」「それ此方だ」と夕方迄「あつちだこつちだ」「お寺の墓場だ」「いやこつちで姿を見た」とどつたんばつたん人々は大そうなさわぎだ。「鮮人がつけ火をするさうですから裏口を用心して下さい」「井戸に女が毒を入れるさうですから張番を置いて下さい」その度に何んだか胸がつまる樣な感がした。東北にはあやしい綿をちぎつた樣な物が、もく〳〵として空に浮んでゐる。見つむれば見つむるほど凄い。鮮人々々とおびやかす人のさわぎは四五日も續いた。今度は又「今どこそこで鮮人がころされてゐましたわ」「今三十人位音羽町でつかまつたそうですよ」鮮人のころされたのを見て來た人の話によると鮮人を目かくしにして置いて一二三で二間ばかりはなれた所より、射さつするのだそうで、まだ死に切れないでうめいてゐると方々からぞろ〳〵と大勢の人が來て「私にも打たして下さい」「私にも少しなぐらせて下さい」とよつて來るのださうだ。そして皆でぶつなり、たゝいたりするので遂に死ぬさうである。かう云ふと話に又流言に、夢の様な一ヶ月が過ぎた。けれどずゐぶん今考へると馬鹿げた事をしたと思ふ、今でも色々と人の作り言葉が時々來る。「來月あたりに又前の様な地震が來る」とか「一ヶ年の内に來る」等と、さまぐ\と流言する。

私等第二の國民はこんな流言に心配せず世界に數のない様な新大東京の建設に注意し、又この帝都の市民と仰れやうではありませんか。

雑感

○大地しん

尋五　星野愛子

私が皆さんと遊んで居た時、あの地しんがごと〳〵やつて來ました。

私は「ぢしんが來たわ、おもしろいわね」と、皆さんとぢしんの御話をしてゐる中に、ぢしんはおかまひなく、どん〳〵大きくやつて來ます。まだその時は家にゐましたが、かべがおつこちて來ますので、お母様たちはもう外におにげになりました。私も「これは大變」とおもつて外ににげました。にげた時には、地しんはやんでゐました。ゆりかへしが、まだいくつも〳〵きますので家にははいれませんでした。

ぢしんが通りぬけると、火事がひどくなつて來ました。それがこはくて〳〵たまりませんでした。すいどうがこなかつたから、ことに心ばいしました。

ふと、「多川先生はどうなつたんだらう」と思ふと、ぞつとしました。御無事でゐて下さればいいと思ひます。ふあんの一夜はくれました。

ひなん

二日の日は東京をすてゝ田舍へゆきました。

私は今度の地しんで、ずゐぶんなんぎをしました。一番ひどかつたのは、田舍へゆく途中でのことです。田舍といふのは茨城縣の古河の事ですが、そこへ行くときは、家から赤羽まで車、赤羽からは汽車でゆくことにしました。汽車のこむつたら、一とほうりではありませんでした。私と一しよに來たのは、兄弟五人とお母さまと、でしの人二人でした。人數が多うかつたうへに、汽車がこむので中々のれません。四時間位まつて、やつとのりました。そのなんぎは火をおぶつて逃げた時と同じでした。私はまどからとびのりました。あかちやんはどこにいつたかわからなくなりました。六つになるいもうとは泣いてゐます。でしはや根にのつてしまひました。大宮でおりました。その時は、でしがさきにおりて、それから皆をだいておろしてくれました。だけれど、二人の妹がみえません。皆はさがしましたけれど、どこへいつたのかさつぱりわかりません。それから三十分位たちますと、一人の男の方が二人のいもうとをつれて來てくれました。私はやつと安心しました。又汽車にのるのがいやで〳〵たまりませんでした。大宮でさむい、こわい一夜をおくつて、一番の汽車をまちました、一番の汽車はすいてゐました。

ひなん者の話

家に上野からひなんしやが一人きていらつしやいます。その方のお話によると、地しんで家はつぶれたけれど、火は出なかつたので、皆はゆだんをして、淺草のもえるのを、見ぶつに行つた。二日目の十二時ごろ、いよ〳〵あぶなくなつて來たので、家へかへつて荷物を上野こうえんへはこんだ。ちやうど二時頃淺草の方の火が上野に來た。それから美術學校にひなんした。そこでは、色々な物をくれたので、たべ物にはちつともこまらなかつたそうです。火がとほりすぎて、家にいつて見ると、もう丸やけになつてゐたさうです。荷物の方へいつて見ると、それもやけてゐました。その時の私の心持ちは、今思つても、ゆめの様ですといひました。

田舍の學校

ゐなかにゐて學校にはいりました。田舍の學校になれないので、はづかしくて〳〵たまりませんでした。なれてくると東京の學校と同じです。

學校では、ひなんみんの會をひらいてくれました。その時はゐなかの方の親切に泣きました。ゐなかはへいわだとも思ひました。今は學校からいくつも手紙がきます。

葉書で、かうかいて來たのもあります。

あい子さん、おかはりはありませんか。こちらではあいちやんが行つてから、べつに大したこともありません。この間、停車場のぢきそばがもえたので、ぶる〳〵ふるへてゐました。何か御知らせ下さい、さようなら。

これは、私の行つた學校の、青木すい子さんが下さつたのです。やはり、そこの金谷ふく子さんといふ方からの葉書には、かうかいてありました。

先日學校にお手紙下さいましてありがたうございます。愛子さんは、お變りなく御勉强でせうね、私も丈夫で勉强してをります。

先はじせつがら、おからだを大切になさいませ、さようなら。

もう一つはかういふのです。

はいけい、先日はお手紙くださいまして。まことにありがたうございました。あい子さんには、何もお變りがございませんか。

あい子さんたちの學校ははじまりましたか、私はあい子さんが行くときに、ていしやばまでもとおもつてゐましたが、おくらないですみません。まだかきたいこともありますが、これでさようなら。

こよねから

靜江さんからは、手紙が來ました。

あい子さんお變りはありませんか。私等一同は、皆丈夫で學校に通つて居ます。あい子さんは、そちらに行つて、すぐ學校に上れましたか。東京の火事でやけだされても、ゐなかに來ることの出來ない人は、雨または風の時はどうでせう。

もうそこここにバラツクなどがたつたでせう。地しん火事のことで、かはいさうなことがあつたらお手紙でくはしくお知らせ下さい。

皆々樣によろしく、さようなら。

私は、ゐなかがすきになりました。

どうよう

地　しん

ごとごと
やってくる
大きな
ぢしん

大火事
おこして
人ごろし

死けいに
ならない
大きな

地しん

みらいの東京

こんどの
東京
いゝ東京

べんりで
きれいで
いゝ東京

火事でも
やけず

地しんで
死なない
いゝ東京

○ 地震大火災

尋五 山内恒芳

急に始まつた大地震は、がた〳〵〳〵と家を動かした。はつと思つて外へ飛び出さうとしても、大きな地震は地割れがするといふことをきいたので、でると地割れがしてそこへはいつたらどうしよう。でようか、でまいかと、うろたへてゐたが、思ひ切つて飛び出た。が地割れがしないからよかつた。

家の弟は、その時はだかでゐたで、さぞあわてただらう。お母さんは「ひいおばさんは、弱くて地震などの時は、にげられないから」といつしようけんめいで、かばつてゐました。それでもお皿や、おなべや、神だなのものが、がた〳〵がちやん〳〵どた〳〵、ぢやん〳〵やつて來て、家の中はまるで戰爭のやうです。引きまどからは瓦は落ちて、どたん〳〵ばだん〳〵のさわぎである。やつとをさまると向ふの家やこつちの家は、瓦はとれたり、べしやんこになつたりしてる。これで地しんも終つたと思ふと、又がら〳〵がた〳〵やつて來たので、こわくて〳〵たまらない。家の近所は、なに事もなくてすんだ。火事はないかと思つて見ると、東西南北殆んど四方からけむりがどんどん出て來るので、まるで下町の方からけむりの兵隊でもせめて來るやうでした。皆はこわくてこわくてぶる〳〵ふるへる。夕方になると、日本橋にゐる、しんるゐの人が、やけだされてがつかりしたやうなかほして内に來た。夕飯もろく〳〵口にはいらない。夜は赤い繪具を流したやうにもえて、こわくて〳〵どうきがどき〳〵。戸を明けてねたが、餘震で家がミシ〳〵してこわい。いつの間にかねむつてしまつた。まもなく起きて見ると、火は一そうひろがつたやうに見えた。れいのミシミシがすぐはじまる。いつでもからだがふら〳〵してゐるやうで、地震でつくつたからだのやうだ。恐ろしくて〳〵ねむらうとしてもねむれないが、つかれてゐるのでその中にねむつてしまつた。

あくる日起きると、あひかはらず火事である。井戸水で顔を洗つた。あさのごはんも、ひるのも夕のも、まづいものばつかしだつた。三日に川上さんの所へ、ひなんして、十八日に歸つて來た。

二十日にやけ跡を見に行つた、内からあるいて春日町に出ると、きたないほこりの中で、しるこや、めし一ぱい十五錢なんて、いふかんばんを出して、あはれなほつたて小屋を作つて商賣してゐる。本ごう三丁目から上野へ出て西郷さんのどうぞうのある見はらしだいから見ると、燒の原が一面に見渡される。大東京も其ねうちがない。上野てい車場にも前には汽車がピーポーと勇ましく汽笛をならして煙をもく〳〵出して走つてゐたのに、今は淋しい。それでも汽車のまぼろしが、あつちへいき、こつちへいき走つて居る。下へおりて歩くと、電車の死がいが一ぱいあつた。電車でもやけないで殘つて居るのは、いまにも走り出しさうだ。チン〳〵とべるもなるやうだ。松坂屋はどこだとさがしたが、ちつともない。やつと見つけたがたゞ門がしよんぼり、おいてきぼりにされたやうにたつてゐる。それから淺草へ行つて見たが、バラックが燒けトタンで出來てゐてあの盛んな賣店も、こんなふうなすがたになつてたのかと思ふと實になさけない。內へ時々來る人が「山の手の方面はごく樂で下町は地ごくだ」といつてゐましたがその通りである。東本願寺もまるでない。やけない觀音樣の屋根がずゐぶん大きくなつたやうに見える。參けいの人も多いので僕等も參詣した。

それから本所へ行つた。吾妻橋がやけて落ちたから、かりばしがかけてあつた。人々がぞろ〳〵引つきりなしに通る。吾妻橋を通つて、ひふくしようへ來て見ると、くさい〳〵、目茶く茶に臭いから、なんだかづつうがして來る。どうりで臭いと思つたらやき場だ。なん人もの死んだのを燒いてゐた。ひ服しようには、まだ死體が殘つてゐて頭や手や足がごろ〳〵ころがつてゐた。それを見るとどうして、こんな所へ逃げたんだらう。こんな所へ逃げなければよかつたのにと思ふ。ずゐぶんかあいさうだつた。どぶの中にも死體が入つてた。兩國橋を渡つた。兩國の國技館も眞黑の黑助になつてゐる。それからお茶の水の方を見た。つゞけさまにあるいたので、ずゐぶんくたびれた。內へ歸つた時には、燒けあとがまぼろしの樣に目にうつつて來る。今度の燒けたのは、ずゐぶんの損害だと思ふ。何しろあんな大地震がなければこんなこともないのだ。地震の神の所へ行つてだんぱんしてやれと思つても、地震の神なんかからだめだ。地震と云ふものは、ずゐぶん恐ろしいものと思つた。火災の方も恐ろしいけれど地震ほどではない。ただ火事の方なら四方八方から起ると云ふことがない。ひ難民はこの秋の十月の末ごろになつたら寒くて寒くて、たまらないだらう。秋風にあたつたら、わたいれなんかもつてゐないから、ずゐぶんひどからう。ひなん民は實にかはいさうだ。燒けとたんで作つたバラツクも吹雪にあつちや粉雪がまひこんだり、さむいだらう。大地震と云ふものは、ずゐぶん大きい害をあたへるもんである。

やつと火事がをさまつたと、思ふと、朝鮮人さわぎでいやになつてしまふ。朝鮮人のさわぎが始まつたのは二日の夕方頃で、内の近所で鮮人が炭俵を山のやうにつんで、その上へ石油をまいて、火をもうちよつとで、つけようとした、危機一髪のさい、一人の人が朝鮮人を引つつかんだので、よかつたが其朝鮮人は三人組になつてゐたので、一人はつかまつたが、二人は逃げた。さうなると大變、人人がわいくさわぎ出した。内のしよせいは、かすりの着物をきながら「見に行く」といつて出て行きましたが、朝鮮人と見ちがへられたさうです。それはあるいてゐると、たれかゞ「おいこら持て」とどなつたので、しよせいは、おどろいて見ると、不良少年見たいな、きちがいみたいな、鮮人みたいな人なので、交番へ走つて行くと、その怪しい人もじゆんさであつたさうです。だんく夜がふけるにしたがつて、恐ろしくなつていく。姉さんは青くなつてふるへてゐる。暗い中からとつぜん「にがすなおーい」「向へいつたぞ」と耳に聞える。まるで戰爭のやうだ。お父さんはちようちんを持つて警かいしてゐた。僕も一度起されて見たがこわい。向ふの方には火のもえる音が、ごうくとものすごい。砲兵工廠の火藥のばく音がヅドーンくと聞える。又ねて起きると太陽が上つてゐたが下谷の方が火事と見えて太陽が月の面の樣になつてゐた。こあいく夕べもやつとの事で、すんだのでよかつた。今ばんもこんなだつたらと思ふと晝でも恐ろしい。

親類

家の親類に萊さんと云ふのがあつて、家は日本橋の本銀町にあります。萊さんの家の次男の人が僕の家へ來てゐるところへ、がた〳〵がやつて來た。外へ出て空を見ると、もう〳〵と立ち上るけむりは、日本橋區の方かららしいので、ひいおばあさんが、次男の人に「歸りなさい〳〵」言つたけれど「なあに大丈夫さ」と平氣です。あんまりおばあさんがいふので、その人はやうやくかへりました。夕方になると、空が眞赤になつて來た。もう萊さんの家も、だめだらうとおもつて、むかへに行かうとしてゐると、門口に萊さんが、ちようど來てゐて、がつかりしたやうな、氣をおとしたやうな聲で「家燒けた」と力なく云ひました。あとはなんにもいひませんでした。

僕は驚いて内へかけこんでそのことをはなすと、ひいおばあさんは、かちほこつたやうに「それみなさい私の言ふ事をきかないから」とゐばりました。空はます〳〵赤くなるばかり、萊さんの一等下の人に、むつをと云ふ人が有つて、その人は地震になると、はだしでズボン一つで逃げたさうです。あぶないからよその人に、さうりをかりて、やうやく僕の家まで來ました。

○地しん

尋五　安藤猛

「大震災大火災、それはいつだ」と、僕等に聞いたら、言下に九月一日と言ふであらう。この日は一生記念にしなければならぬ、丁度僕は學校から歸つて、空腹をおぼえ、おひるごはんにしてもらつて、はしをつけたところでぐら〳〵〳〵みし〳〵〳〵とやつてきた。家中皆御佛前のところへ集つた。其時は、これ一つを思つて、外は何も考へなかつた。お母さんは、萬歳樂〳〵ととなへていらつした。後の事はちつともしらない、やゝしづまつた頃、お父さまが「出ろ〳〵」とおつしやつた。これに力を得て、それつとお父さまが一僕は二お母さんと兄さんが三、女中が一番あと、このじゆんで外へ出た。そして河岸にある直徑三尺位の木のそばへよつた。つゞいて又來又來して、しばらくつゞいた。

火事

それから何の氣なしに九段の方を見ると、黒い煙がもう〳〵と出て居た。「火事」だ僕はとつさの間に思つた。しかし其時は皆も見て居た。あいにく風向きは家の方へふきつける。となりの人が屋根へ登つて、何か見て居たが、「あ、コリヤイケネエ」と言つた。それは流けい橋のそばから火事を出して、こちらへもえて來るのである。そこで皆おどろいて、荷物を持ち出しに行つた。僕はむ中でひつかゝるまゝに運んだ。

皆出してから、不圖九段の上を見たら、今手拭染がもえて居る。何んとなく心細くなつた。しかし、つよい決心がついた。「燒けるなら燒けて見ろ」と、火はとう〳〵開成館倉庫のところでとまつた。そこへ仕事師の滿公が人々を大勢つれてとび口をもつてかけつけた。

すると、倉庫がまたもえ出した。滿公は「一寸行つて來ます。おいゆけ〳〵おれたちが行けば、きつときえる、安心しなさい、やつちやい行け〳〵」と大聲でかけてつた。火はつよくなりかけた。するとの助けか一台の消防自働車、今や白鳥橋を渡らんとして居る、青年團の人たちは、自働車の前に立ちふさがつて「この火事をけせ、けさぬと、とほせない」と言つて、大手をひろげて、立ちふさがつた。その消防隊はしかたなしにおりてけす用意をした。そのおそい事四十分位でやつとくだがひけた。これでよいのかと思ふと、今度は水が中々にこない、ます〳〵じれる、あせる、やつと水がひけた。ほつとした。今迄はじようきぽんぷが行くのもよろこんで見たものだが、さういふことしてならぬとつくぐ〳〵思つた。

ひなん者

うちで荷物をすつかり出してしまつた時、頭から血を出し、むねからも血を出してる男の人が、たんすを、しよつて逃げて行くのもあれば大きな風呂敷をせおつて子供をせわしながら逃げて行くのもある。さうかと思ふと、おはちをかゝへて「三ちやん〳〵」とよんで逃げていく人もある。一町いつてはばたり、二町いつてはたほれて行く人もあるし、にぐるまに荷物をつんでにげるものもある。一人の老人は、うちの前へ來て「水をくれ一ぱい下さい」と言ひながら、ぶつたふれてしまつた。すぐこつぷに水をくんでのませてやると「ありがたうございますおかげ樣で助かりました」と言つて行つてしまふ。又た九死に一生を得て逃げて來た人が僕のそばではなしてる。一人「通帳はどこへやつたらう。一人「知らない。命のあつたのが、見つけものだ。あきらめよう」とあはれである。

たべもの

次のこんなんは食物であつた。お菓子は不自由しなかつた。米だけである。世の中の人は、玄米たべてゐる時お母さんは、いろ〳〵心配して「子供に玄米なんかたべさして、ゐでもわるくするとこまる」とおつしやつて出入の者に卵や白米を一升でも二升でもよいからもつて來て下さい」といつた。その中に海軍のおぢさんが、牛鑵を十箇に白米五升、フランスパン五十、たまご三十を持つて來て下さつた。これも皆お母さんのどりよくによるものだ。何となくありがたい。其の中に菊ぢいが、せがれに米十俵をもたしてよこした。久保田がかるけつとくわん一箱もつて來た。これで食物にはこまらなかつた。

二三日はらうそくに不自由はしなかつた三日からけつぼうしだした。僕は兄と二人で、方方の藥局や雜貨店等をちようはつしに歩いて見た。どこにもないたまには、「らうそくうれきれ」と札を出しとくところもある。自分がたのみにしてゐる店が、その札を出してゐると、しやくにさはる。或る時、石切橋のそば迄行つて見た。すぐそばには、吉田君のうちがある。

そこで吉田君のうちへいつて聞いたら、「そんならうちに、ろうそくがたくさんありますから」と言はれた。で一箱いたゞきました。

それで四日間といふ間は心强かつた。すると九州から平本さんが來て、らうそく一箱と、牛くわん二十箇と、のりかん二十箇くれた。

僕はらうそく一本も大變大切で、むやみにつかつては、ならぬものだとしみ〲思つた。

世の中のうはさ

第一に放火さわぎである。一人の人がこのやうなけいじをはつた。

「不逞鮮人の放火各自けいかいせよ」

「南部青年團大和町へ集まれ」

僕等迄手に〲竹の棒をもつてけいかいした。

第二には大本敎が隊をくんでせめて來たとか、社會主義がたけやりをもつてせめて來るとか學校（高師）いなかで外國人がみつ議してゐるとかである。

ずゐぶんひどい事を言ふ人があつたものだ。

燒跡

十日に燒跡を見に行つた。先づ第一に上野まで行つた。あのえいぐわの松坂屋などはあとかたもない。そこから本所へ行つた。ひふくしようはお父さまが「みない方がよい」とおつしやつたからやめた。

それから日本橋へ來た。三越は昔のあとをかたるやうな有樣。門のところのライオンの（三越の入口にあるぞう）そばに、人が二人死んで居た。

十二階も見た。何といふ有樣だらう、しばし物が云へなかつた。これを見て自分のしあはせを感じた。

（十月十日）

○ 僕らのさうなん

尋五 乙部譲爾

九月一日の日であつた。僕は本をよんでから、なにか面白い本はないかと、さがして居ると、とつぜんがた〱ゆれて來た。「地震だな」と思つて立ち上つた。小さい地震だから大丈夫だと思つてゐると段々强くなつて來た。これはたまらんと大急ぎで家の庭の芝生へはだしのまゝでとび出した。つづいてお母さんや聖ちやん俊ちやん雄ちやんお父樣と順々に出た。お母さんがとび出してから、はげしくゆれた。僕は立ち上らうとしたが、たふれさうであぶないかしい。其中にやんだので僕もほつと安心した。見ると荒井さんや敷野さんの家の瓦がめちゃ〳〵になつて居る。しばらくたつて、家の中をさうぢして、パンを食べた。そして日よけを出して物干ざほにかけ、台を出して其所にこしかけて休んだ。間もなく夜になつた。、僕は大急ぎでゆに入つてすぐ御飯をたべた。それからえんがはへ、こしかけて休んだ。僕等は床をとつたが不安でたまらない。東の空がまつかになつて居る。時々がた〳〵ゆれるので其度にびつくりする。とう〳〵不安の一夜を明かした。

僕はすぐ叔母さんの家へいつた。叔母さんは家の前の原へふとんを出して其所で一夜を明かしたのである。晝に天神前に出て見るとまだ火が消えない。心配して家に歸つたが、東京市全滅との、うはさを聞いて僕等の學校も燒けたと思つた。今度の地震は大阪の大地震より、ひどかつたらしい。二十日頃迄小さい地震が時々くるので、其度に庭へ出ようとしたことが、幾度あつたかわからなかつた。火事は二日二晩もえつゞけて東京市の約三分の二を燒いた。

夜警

一日の地震以來、いろ〳〵なうはさで、皆がびく〳〵してゐる、それで代る〳〵夜警をすることになつた。三十日（日）は、家と荒井さん、牧野さん、吉村さん、仙田さんの番であつた。

家ではお父さんの代りに僕が出ることになつた。やがて午後九時に僕は荒井さんとこに行つて、集り場所と、夜警する番であることを言つた。そしてすぐ歸り、洋服を着て待つてゐた。そこへ荒井さんと仙田さんが來た。「今晩は」とお父さんはあいさつをなさつた。荒井さんもあいさつをなさつた。「これから牧野さんと吉村さんに行つて來ませう」と、荒井さんが言つた。僕も行つて二軒の家へ夜警のことをしらせて歸つた。少したつと吉村さんと牧野さんが來た。やがて九時半になつたので僕と仙田さんと吉村さんと組んで「行つて來ます」と言つて門外へ出た。仙田さんがちようちん持ち、僕がひようし木を持つてたゝきながら歩いた。一まはりまはつて家へ歸つた。「たゞ今」と僕は言つて家へ入つた。お茶をのみおせんべいをかぢつたりしていろ〳〵お話をした。そして一時間毎に代る〳〵まはつて歩いた。雨がふつてひどかつたが、かまはず歩いた。僕はいつもひようし木をうつた。午前四時になつてやめて床に入つた。さぞねむくなるだらうと思つたがねむくなかつた。

九月三日の夜

一日の地震後、三日に、伯母さんから「朝鮮人が火をつけて歩く」

といふお話をきいて僕は驚いた。するとその夜「わあつ」といふさわぎがあちこちから起り、同時に「ぢやん〳〵」と半鐘がなり出した。間もなく「ずどん」とピストルの音がした。僕と俊ちやんとお父さんは洋服を着てちやうちんを持つた。時々ピストルの音がする。さわぎ聲がます〳〵强くなる。お父さんはちやうちんを持つて門外に出ていらつしやつたが、間もなく歸つて來て「今朝鮮人が悌ちやんの家のえんの下へはいつたので、皆がさわいでゐるのだ」とおつしやつた。その中に朝鮮人は逃げてしまつたらしい。さわぎはしづまつてしまつた。又朝鮮人がやつて來て火をつけるかもしれないとの心配から、門へかぎをかけてねた。僕も安心してねた。其の夜は一番こはかつた。

○僕の思ふ新大東京

尋五　吉　家　光　夫

驚いた自然の力

世界屈指の大都會も僅か四寸の震動の爲に三百年來の文化を燒けの原としてしまつた。東京を改良するのは今である。

僕等は科學を研究してもつと自然の力に打ち勝てる東京を造らねばならない。

次に僕の思つて居る東京をざつと述べて見よう。

先づ關東地方全部中より近きよき所を東京にしてしまふがよい、第一に交通の完備をさせなければならない。

道路をアスファルト、木煉瓦、コンクリート其の中何れを選ぶか其の道を置くにはごばんなりにするか放射形にするか其上まだ良い方法があるか。

交通機關としては地下鐵道と云ふ說も出て居る。電車も改良しなくてはならない。すれば自動車も飛行機も必要になつて來る。飛行機と云へば他國と戰爭の場合空中から爆彈を落されても今度の樣なみぢめな火災を起さないだけの用意がいる。

第二に衞生に重きを置いてかゝらなければならない。水道の完備はいふまでもないが、下水も外國にならつて理想的なものにしたい。到る所に公園を置いて美しい上からも又衞生上からも之をぜいたくにこしらへたい。

色々云つて來たがここに一つ大切なことは工業地商業地事務所等を各一所に集めて置いた方が便

利の上からもていさい上からも最上であると思ふ。

理想は次から次と頭に浮ぶが、之は一朝一夕に出來るものではない、各持つ家が各に研究しなければならないし國體の大きな力を借りなければとても復興しがたい。

東京市民は進取の氣を持つて忍耐強くしつかりした市民となつて、復興を一日も忘れる事なく務めなければならない。　（十月十日）

○地震

尋六　今村清

あゝ考へて見ても恐ろいしあの大震災大火災。僕は生れてから此の時に至つてゑい久に忘れられない地震の恐怖と云ふものをいだいた。

一たいどうしてあゝいふ大地震が出しやばつたのかしら。それは「世の中の人が地震なんかのことを忘れてしまつてしぜんと心がゆるんでぜいたくになつた爲、神樣が皆の者をおいましめになつたのだ。そしてちよつとのことではききめがないからかういふ大變な事をなさつたのだ」と云ふ噂もある。けれどこれは本當かどうかは考へものである。學問上から言ふと それは方々に地震があつたまだ相模灣附近はあいてゐたのでこの大正十二年九月一日に大島附近の海底を震源地として東京北條横濱は非常な損害を受けた。火事ならば逃げることが出來るが地震は家はゆれても外はゆれないと云ふのでないからどうしてもしかたがない。そしてこの地震をさけようとするにはどうしても屋內等に居る時はなほの事此の地震は大きいか小さいかを分る樣にせねばならぬ。先づ大きい地震の時は初期微動がはげしく小震の時はゆるやかにゆれるのである。大震の時もいきなりがたんと來るわけはなく震源が遠ければ遠いほど此の初期微動が長く大がいの時は初期微動が約七秒位はあつて決して短い時間ではないのである。「地震は初めが强し」。と云ふことわざがあるがさうではなく初期微動が數秒續いた後大震となるのである。大震となつてしばらく立つてから外へ出るのは至つて危險な事である。しはらく立つてゆれかたがひどくなつてからあわてゝ逃げる時は「既に遲し」。でさうなるともう屋根瓦が落ちて器物がとんだりする。かうなるとあわてゝしまつて火の氣を消すのも忘れて飛び出すと、瓦が落ちて當り、まごついてゐるうちに殘つてた火が器具障子等について居る等と云ふ事はよくある。それでもし逃げ後れた時はしばらく止むまで机の下又は横などに居れば先づ安心である東京では一帶に下町は地ばんが惡く山の手はいゝさうだ。地震だけなら大した事はないのであるが、地震と火事はつきもので地震が起ると火事がどうしても起つてしまふのである。けれども火事は人間の注意が足りない爲に起るのだから之はどうにでもする事が出來る、地震雷火事おやぢと云ふのも無理はない。本當に地震はこはいものだ。（十月十日）

○地震について

高一　木島とし子

「人間の力はもろいものだ」と、私はから叫ばずにはゐられない。あゝ、なんと云ふ人間の力はもろいものであらう。呪はしい赤い火を廣がるがまゝにして消さうともしない。美しい建物はをしげもなく赤い火になめられる

ガタ〳〵といふ大音響。私はあつとさけんだ。もう足がすくんでしまつた。大ていの方は逃げたさうだが、私は逃げる勇氣は更にない。あの時の恐しいこと今考へると、ぞつとする。一震がをさまつてから、のこ〳〵と四ツばひになつて弟と三人で裏のあき地へと逃げた。ほツト一息つくひまもなくまたもがた〳〵。

お隣のおばあさんは、「まあほんたうにえらいことになりましたね」とふるひ〳〵まとまりのない

ことを云つていらつしやる。地震も少しの中をさまつて來たから、人人はお父樣兄さまなどお務にいらつしやつてる方方を心配しだした。

母さんも「俊雄はどうしたらう」と時々つぶやくやうにおつしやる。又もやガタ〳〵今まで戰場のやうにさわがしかつたのに、息もつかずに身を固めて聲など一つ立てない。

第三震は終つた。一生懸命で胸をさすつたが中々痛みはとまりさうもなかつた。「姉さんの顏は眞青よ」と妹の幸子は言つた。私は病氣にならなければよいがと、ひたすら心配した。

小さい子は皆泣いてゐるが、おばあさん達は悲痛な聲で一生懸命おねんぶつ、私も心でおねんぶつ。

ふと空を見上げた「オャツ、あのけむり。むく〳〵と雲だかなんだかわからないやうな煙がたくさん上つてる」たしかに火事だ。

「火事だ〳〵」皆さんはさわぎ出した。

春子さんは心配さうに「家がたふれなければいゝわね」とひとり言のやうに言つた。黑い煙は益廣がつて來た。

「世の終り」と私は思つた「夜になるときつと電氣がつかないからロウソクを今の中に買つて來ませうか」と私は母さんに言つた。母さんは「さうね今行くとあぶないけれど秀雄さんと二人で、いつていらしやい」とおつしやる。私と二人でおほいそぎでいつた。ロウソク屋には、人がたくさんでロウソクは三本しか賣りませんと書いてある、私と弟と別々に買つて六本。

家にかへる途中たどんがゴロ〳〵してゐるので弟が「拾つて行かうと」言ひながら拾ひかけるやガタ〳〵とゆれて來たので、もつて居たロウソクをすてゝゐだてんばしり。

家にかへつて母さんにこの事を言ふと「ロウソクよりは命が大切だから」と笑ひながらおつしやつた。それでその夜はロウソク三本で間に合つた

夜になつてからも時々小さい地震におびやかされた。

火は益々ひろがるばかり。

三日目からは田舎からをぢさんがロウソクとお米をたくさん、もつていらつしやつたので涙のこぼれるほどうれしかつた。

生れてからたべた事もない見た事もない、げんまいをたべたので四日位はお腹がチク〳〵痛んで

困つてしまつた。四日目には横濱のをぢさんが逃げていらつしやつた。をぢさんのお話はずゐぶんひさんなものであつた。をぢさんは、いつもお晝にお役所にいらつしやるので、あの日もちやうど車で役所にいらしやつたさうだ。

途中まで行くとガタ〳〵と大地震なので、車屋さんは驚いてしまひ、をぢさんは車からおりて自分の家にかへると、さあ大變だ。一人で家にゐた女中はおどろいて外に出たら、自分の家の石垣がくづれて・ひざから折れてしまつた。

をぢさんは早速病院に入れた、家へかへつて來て見ると、すつかり丸やけなので、しかたなく私の所に逃げて來たといふその話。母さんは驚いて「それではおばあさんはどうなさつたのです」きくと「おばあさんは、私の家から秀夫さんと茂夫さんと横濱にあそびに來たので三十一日に送つて來て本郷に親類があるので、あそこに、とまつたのだ。それで今本郷にいつて見たら、まるやけなので心配してる。」とおつしやいましたので一同は大變心配した。そこへ、をばさんは、いつも立派な風をしていらつしやるのに、今日は髮もぼう〳〵で見る影もない姿でいらつしやつた。けれども、みな無事な顏を見る事ができて大そうよろこびました。

「人間は極端に出來て居る」と私は思ひました。

此震災にあつて子をすくはんがためこんなことをした人があるといふことです。子の母は、火がどん／＼來るので、もうだめだと思つたのか、自分の、ちゝ下をゑぐつて、子を抱き自分は死しても子をすくつたさうです。

又或るものは死んだ人の手から、指輪をぬすむ商賣をしたさうです。人間は極端である。あまりに極端である。私は人間らしい人間になりたいとつく／″＼思つた。

○復興の京東

高一　相樂はるゑ

繁華な此の大東京？此の大東京は、あのうらめしき一日の午前十二時二分前、強震と大火とに見る影もなく、無殘にも木の葉の如く散り果てた。と、思へば思ふほど、天災とは云へ、恐るべき、又にくむきである。毎日／＼はれ着を身につけ、今日は三越明日は淺草などと遊び暮して來た人人は、どんなに強く心を改められたであらう。

種々の新聞にも「帝都復興」との文字は毎日の樣に絶え間なく載つて居る樣に、今の東京は再生の秋である。不思議にも焼け残つた浅草観音は、今まで以上に参拝人がとめどなく、近所に露店が出來、又白木三越等の大きな商店は皆各所に出張したり、その外、巡回無料助産、無料診察開始など、互に共同して一日一刻も早くもとの大東京に仕上げようと一心不亂の有様である。罹災者は政府からの配給を受け一時の難を免がれ、一命を立派に保ち、世に生き長らへることの出來たのは誠に皇室と人の情によつてだと、私は深く感謝したのである。

この様に何から何まで行きとどき人々の心も亂れずにすんで、帝都復興の大事業の糸口に向ふて居るのである。これからは如何に人智が進歩し、如何に繁華な大東京となるかは實に私達にとつては待ちまうけてゐる所である

○勝利者の務め

高二　五十嵐ハル

あゝ、あのおそろしい大正十二年九月一日、思ひもよらぬ世界未曾有の大震大火災は起りました。何の神のおいかりでせう。貴い六萬余人の生命はうばはれました。それと同時に六十年來の舊文化は、やぶれて、淋しい思出多い秋が訪づれてまゐりました。寒くとも身にまとふものはなく、行き

たくも行くべき所のない、あはれな人が澤山出來ました。又悲運な話、悲壯な話も一つとして笑つてよい樣な事はございません。この際に鮮人放火とおそろしい流言は次ぎ〳〵と聞えて來ます。もう私はあの時は、生きた心持はございません。命だけあればと何も思はずにひたすらに祈りました。幸火災はまぬかれました。たつた東京の十分の三位しか殘らないでせう。あゝ榮えた麹町も日本橋も一朝に焦土に歸しました。中でも本所深川は悲慘な最期をとげました。殊にあの被服廠、屍は山をなし、川は死體でうづまり、何萬の人が死んだのです。なきかずに入つた貴い皇族の二三方もございます。この樣に日本人同胞は死にました。又政治上中心の內務省大藏省遞信省警視廳も灰と化しました。全く大日本帝國の都は燒滅したのです。日本で著名な貿易港橫濱も全滅したのです。

かうした古今未曾有の災厄を天から受けましたが、しかし人の心も亦强いものではありませんか。やけのこり生き殘つた人はこの悲みこの憂ひの心から數日をへないで大勇猛心を起しました。男も女もふるひ立つて燒けた野原に鍬をもち、商品をならべる樣になりました。

火煙で包んだ所も早や新文化の假小屋が出來新に迎へる新文化の建設をまつのでございます。今度來る文化は計畫の多い最大の新文化でございます。私等は生存競爭に優等をしめた勝利者であります。この勝利者は死んだ同胞の第二の國民であります。第二の國民たる私達は新文化の永久に榮え永へにあることを、願ひます。同胞は新文化の基を、一時も早く新らしい都につくらなければなりませぬ。社會は生活の戰場であります、一時も早く新文化を作り一時も早く安らかにたのしく社會の春を迎へなくてはなりません。これがなによりの私達の願であります。務めでありま す。

又世界諸國からどし〳〵見舞品がとどきました。就中米國は世界諸國の親玉でせう。何とお禮を申してよろしいでせうか。

これも一に第二の國民の務です。

○ 望ましき大東京

高二 川勝幸子

大正十二年九月一日、古き東京はその大半を失ひました。各種の事業も機關もほとんどその用をなさなくなりました。古き東京には色々なほこりがありました。けれど今は如何にをしんでも恢復し得るものではありません。今はたゞ前なるものを望み新しき東京の建設を想ふほかありません、今どこに行つても復興の熱望は燃えてをります。

不思議に焼け殘つた淺草觀音は矢つ張り人出の中心であります。したがつて露店商人も一番多く種々の下等飲食物に繪葉書屋が全盛であります。これらの人は先づ焼け出されの、にはか商人が多いらしうございます。ちやうど雪解けの土に若草が萠え出る様に、一時武藏野に、かへつた下町も、武藏野として、いつまでも、はふつてはおきません。焦土の上に、もう新しい東京が芽ぐんで、災後十月も經たないうちに、バラックの都市が出來ました。全國民がきよえいに流れんとしたこの時、思ひもよらぬ大災禍に美しく堅實で勇敢な日本國民性が發揮せられ、皆一しよになつて回復に務めることは間もなく、偉大な新東京否新日本の建設を見るに至るのでありませう。

すぎし日の夢を追はず、新東京建設のために、多くの人人は勇敢に働かなければなりません。そして、この大なる戰線に打ち勝つた榮冠を一日も早く戴かなければなりません。

古き東京は多く前代人の建設になつたものが多くありました。今や現代人の理想とする現代的東京を建設するに、よい時であります「天意はこゝにあつたのではないか」と思ふと私達は更に新しい希望と勇敢とを持つことが出來ます。今は大東京建設の門出であります。

けれども今度の東京は永久的のものでなければなりません。私達は自身の爲でなく子孫の爲めに次代の市民のために念入りに造つた東京を、のこしたいものであります。永久的に建設された、都會に永久的の事業が起ります、永久への事業に進む新しき東京を建てるために私どもは大いにふんぱつしなければなりません。

○ あゝ九月一日

高二　篠田孝子

九月一日……何と云ふ呪はしい日でございませう。

何萬と云ふ多くの人の命をうばひ何十年と云ふ永い年月もつゞいた、このにぎやかな文明の世の中も一夜の中に淋しい野原と變つてしまひました。

あのゆれ出したせつ那、私は外に立つて居りましたが、急にからだが、ふら〳〵する様に感じました。

「アッ地震」と思ふと同時に家の中から「あぶない」とさけぶお母様の聲が強く耳にひゞきまし

た。私は夢中で家へ飛び込みました。

からだは丁度舟にのつて居る樣にゆれ、たなの上のものも、簞笥の上からも、みんな、がら〱と落ちました。

私はその時、もう家がつぶれて、死ぬのだとばかり思ひました。

一震が終つたと見ると、前の石の塀が全部倒れて其石が往來に一ぱいになつてゐました。

すると「子供が死んだ」と云ふ聲と一しよに大勢の人がガヤ〱とさわぎました。

私は只ぼんやりとして、簞笥の前にペチヤンとすわり込んでしまひました。が、こは〱見に行かうと思つて立ち上りました。すると其時又第二震……

私達は又大急ぎで又簞笥の前へかたまりました。

妹は泣き出す、おぢいさんは、手あたり次第にそこにあつた、本を頭の上に、のつけたりしましたが、つる〱落ちてしまひました。たなの上からは大きな將棋ばんが落ちて來ました。

私達はその地しんがすんでから、近所の方が皆外に出てゐるのに氣が付き、はだしで外に出ました。

其の夜もあくる日の夜も木の下で野宿をしました。

私はだん〳〵恐ろしい思の中に又ほんたうに心配な事が、おこりました。

それは私の一番なつかしい兄様がいつまでたつても歸つていらつしやいませんことでした。

おぢいさんは、毎日本所まで探しに行きました。又病人や、けが人を收容してゐる所などを一々さがして見ましたがをりませんでした。

私はおぢいさまの歸りが、どんなに待ち遠しかつたか知れません、「どうぞ兄様が無事で居ります様に」と心から神様におねがひ致しました。けれども神様はかなへて下さいませんでした、兄様は、とう〳〵永久に、かへられない人となつてしまひました。

私は獨り裏の木の下で泣きました。

あちらこちらと逃げ惑ふ時の心持ちはどんなでせう。

魔の様な焰に追はれながら行きつまつては倒れてしまつたでせう。私のむねには、幾度こんなことが思ひ返されたか知れません、「ほんたうにお氣の毒ですね」人様にかう云はれる度にお母様は「一人や二人なら何ですが大勢の人たちが亡くなつたのですからね」と云ひながら、そつと涙をおふきになりました。私はその度にお母様の、がつかりとして、しほれた姿を見るのがほんたうに、つらうございます。

けれども兄さんはきつと、安らかにおねむりになつたでせう。私は思ひ出す度に、かう思つてあきらめて居ます。

をはり

大正十二年十月十七日記す

大正十三年五月十五日印刷
大正十三年五月二十日發行

【定價金貳圓】

著作權所有

子供の震災記

著作者　初等教育研究會
東京市京橋區南傳馬町二ノ五
發行者　目黒甚七
東京市牛込區市谷加賀町
印刷者　三浦猪平

印刷所　秀英舍

發行所
東京市京橋區南傳馬町二丁目
新潟縣長岡市表四ノ町（本店）
目黒書店

東京　電話京橋二一六三番　振替口座二八〇九番
長岡　電話長岡一八番　振替口座三六一九番

解説

概要

本復刻本『子供の震災記』は、関東大震災があった翌年の一九二四年（大正十三）五月二十日に目黒書店から発行された。編纂・編集は「初等教育研究会」と「東京高等師範学校附属小学校初等教育研究所 修身研究部」が行っている。この二つの組織はともに高等師範の中にあり、「初等教育研究会」が上位で、その下部に「修身研究部」があった。

判型は四六判、全体で三五五ページ。「序」や「趣旨」、「目次」などの部分を除き、子供たち（尋常小学校一年から高等小学校二年）が実質的に綴った震災記は三四〇ページ余りにのぼる。この子供たちの手記は、「遭難記」「同情」「感想」「雑」の四つに分類されている。

編纂・編集について

「序」と「趣旨」に、発刊の目的と編纂・編集方針などが示されている。そのなかの、次の二点に限って引用してみよう（詳しくは本文冒頭の「序」と「趣旨」（三ページ）を参照されたい）。

（修身）研究部の手に蒐《あつ》められた子供の作品は、全校児童の約半数、四百字詰原稿用紙にして八百枚ばかりの分量でしたが、種々編纂《へんさん》の都合もあり、五百枚ばかりに減じ、百七十人ばかりの作品に限ってみました。ところが、実費印刷の都合上、且《かつ》、震災後の印刷能力の関係上、それでも分量が大きに過ぎるので、約三百枚に減じ、百人ばかりの作にとゞめることにしました。

子供の文には、私共からは決して手を加へないことにしました。従て、子供の作そのまゝです。

子供たちは体験した手記に各自タイトルを付けているが、文中に小見出しがあるものもある。例えば「朝鮮人さわぎ」「鮮人騒」「朝鮮人さわぎ」「夜警」「世の中のうはさ」……などは、編集に際して学校側が付けたのではないかと推測される。

版元の目黒書店は採算を度外視して出版に関わったようだが、当時の出版事情に詳しい東京大学新聞研究所で講師を務められた塩澤実信氏によると、高等師範側は編纂・編集および原稿整理・校正などをやった後、用紙の手配・印刷・製本・出版（刊行）などは経験上、手なれた出版社にすべて任せたのではないだろうか、ということであった。さらに本書は一般に流通していなく、実際に書いた子供たちや関係者、言い換えれば内々にくばられたのではないだろうか、ということであった。

塩澤氏の指摘通り本復刻本は多部数出版されたものでなく、内々の関係者に限って配ったものと思われ、それで改めて著者・編者名をカバー表紙に記さなかったようである。あるいはまた、著者・編者名を明らかにすることが何らかの理由で憚《はばか》れたのが、その理由かも知れない。いずれにせよ、この度の復刻に当たって原本の本扉に倣ってそのまま「東京高等師範付属　初等教育研究会編」としたことを断っておきたい。

「原本」と「原本を書き替えたもの」

中学校教諭を長く務められ、在任中から大震災時に虐殺された朝鮮人の遺骨発掘や追悼などの活動に取り組まれている西崎雅夫さんが、十年前にこの復刻本について詳しく触れているので、少し長いが引用したい。

殺害の記憶削除、改ざん…関東大震災研究者が国立国会図書館で原本発見
1924年刊『子供の震災記』

関東大震災を体験した小学生による『子供の震災記』（1924年、目黒書店刊）が同じタイトルで2冊、国立国会図書館に所蔵されていることが明らかになった。1冊は朝鮮人に関する流言・殺がいをありのままに記したオリジナル（つまり原本。編集部）だが、検印はなく、(広く公に。編集部)刊行されることはなかったようだ。実際に刊行された『子

検印のない原本のコピーを手にする西崎雅夫さん（「民団新聞」2013年6月12日から）

供の震災記』では問題箇所が削除、ないしは改ざんされていた。当時の検閲のありようがよくわかる。

改ざんされる前の「原本」と、改ざん後の刊行本を比較すると、原本にあった朝鮮人殺がい関連証言のほとんどが削除されていた。削除でできたスペースは写真で埋めていた。「鮮人の殺されたのを見てきた人の話」もその一つだ。

「目かくしにして置いて一二三で二間ばかりはなれた所より、射さつするのだそうで」「まだ死に切れないでうめいていると（略）皆でぶつなり、たたいたりするので遂《つい》に死ぬそうである」。

同作文を書いた少年は、大人たちが流言に踊らされたことは知っていたようだ。最後は、「今考えると馬鹿げたことをした」と結んだ。

このほか、「半殺しにされ警視庁の自動車に乗せられて行った」「足でふまれた木でたたかれて泣き声を挙げている」などの記述も削除された一例だ。

「不逞鮮人」「朝鮮人」などの表現は、「泥棒」「盗人」「悪い奴」に置き換えられていた。「爆弾を家々に投げ込んだ」「放火」などの流言内容も、実際の刊行物では、「着物やお金や食物をとった」「失火」「わるさ」といったあいまいな表現に。また、自警団の持つ薙《なぎ》刀《なた》・刀などの武器は、「木刀」「竹刀」といった殺傷力の弱いものに変えられていた。

『子供の震災記』を見つけたのは、虐殺事件の実相に少しでも近づこうと、数年前から都内の公立図書館をこつこつ回り、自伝・日記・証言集などから朝鮮人虐殺事件に関する証言を拾い集めている西崎雅夫さん（一般社団法人「ほうせんか」代表、東京都墨田区）

この改ざんされた刊行物について、西崎さんは都内の図書館ですでに確認しており、当時は「使えない資料」と判断していた。今年1月に国立国会図書館で改ざん前の原本と一緒に発見したときは、驚きと悔しさすら覚えたという。

『子供の震災記』は東京高等師範学校附属小学校初等教育研究会修身研究部が震災の翌年、「歴史の記録」として100人の子供の作文を選び、自費出版した。出版にあたっては作文の独特の味わいを大事にし、なんら手を加えず世に送り出そうとしたようだが、かなわなかった。

西崎さんは、改ざんには「朝鮮人虐殺を歴史から消し去ろうという権力側の強烈な意志がうかがえる」と話している。

原本が国立国会図書館に保管されていたことについては、「作文集の作成に係わった教師の一人が、改ざんを子どもたちにわび、虐殺の事実を決して忘れてはいけないと自らを戒めるために保存したのではないか」と、推測している。（2013.6.12　民団新聞）

この引用した紹介記事からわかるように、本復刻本は改竄《ざん》される前の「原本」（オリジナル）であり、一方で外部の関係者に配られたもの、すなわち書き改められたものが別にあるということになる。編纂・編集方針を明示した「趣旨」において、「(子供たちの）文には……決して手を加えない」と述べながらも、手を加えた別のものを作っていたのである。

なお、本復刻本は、もとより改竄前のオリジナル（原本）である。

改竄された箇所

西崎さんが指摘したことを、具体的にいくつか挙げてみよう。

Ｐ71（原文）「女の朝鮮人が逃げた」↓（改竄）「ぬす人がにげた」
（原文）「朝鮮人が子供をころすんだって」↓（改竄）「變（変）な男が――」

Ｐ75（原文）「お庭に朝鮮人がはいった――」↓（改竄）「悪い人が――」

Ｐ91（原文）「不てい鮮人等は――」↓（改竄）「かんごくを逃げた罪人等は――」

Ｐ102（原文）「それは鮮人が石油と綿やぼろ布――」↓（改竄）「私は一日中ぶる〱ふるえていた――」

実際に書き替えられた箇所は八〇箇所以上もある。このように子供たちが噂や上から教えられたことを真に受けて綴った作文を、編纂・編集をした者たちはその「趣旨」（編集の原則か）において、先にも引用したように「私共からは決して手を加へないことにしました。従って、子供の作そのまゝです」と麗《れい》れい言っておきながら、外に公に出した本では書き替えたのである。

なお、この「趣旨」文は改竄本も原本と同じである。なお、改竄本には奥付がなく、発行日はわからない。

編集者が付けたと思われる中見出しにもいくつかの改竄が見られる。例えば、
P102（原文）「鮮人騒」↓（改竄）「さわぎ」

P141（原文）「朝鮮人さわぎ」↓（改竄）「焼跡をほつて」

弊社（展望社）は一昨年の二〇二二年九月に、本復刻本と同時期に発刊された東京市立学校児童「震災記念文集」七冊を一冊にまとめて編集して出版した。この本は大正十三年

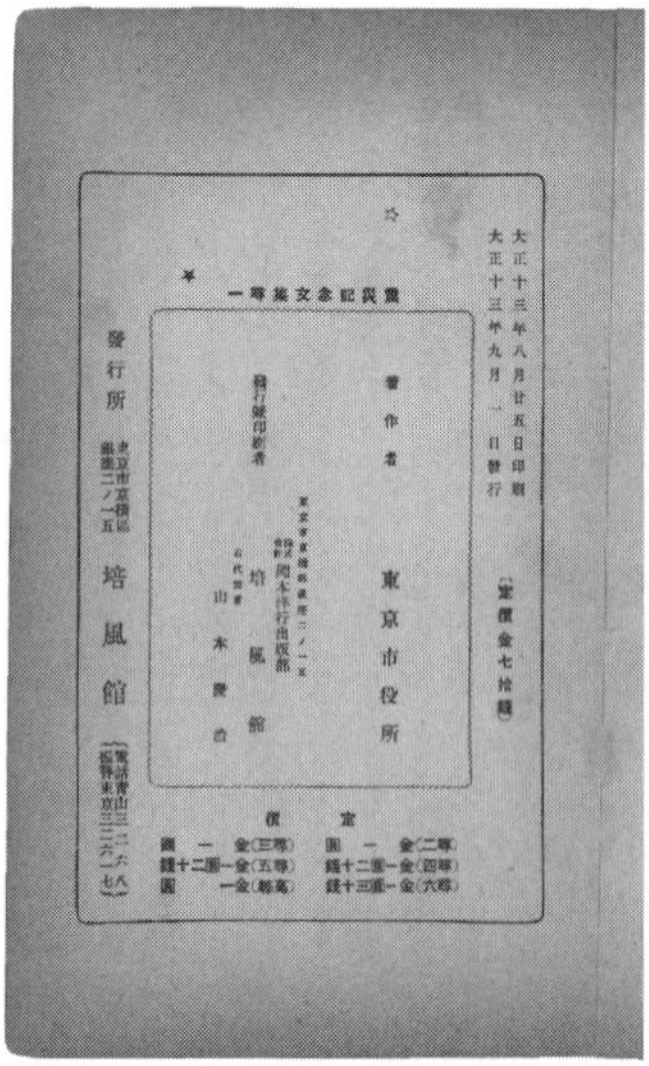
大正十三年八月廿五日印刷
大正十三年九月一日發行
（定價金七拾錢）
震災記念文集 尋常一年
著作者 東京市役所
發行兼印刷者 東京市京橋區銀座二ノ一五 株式會社岡本洋行出版部 培風館 右代表者 山本慶治
發行所 東京市京橋區銀座二ノ一五 培風館
定價 （二年）金一圓 （四年）金一圓二十錢 （六年）金一圓三十錢
（三年）金一圓 （五年）金一圓二十錢 （高等）金一圓

（一九二三）九月一日発日である。本復刻本は同年五月二十日である。高等師範付属の復刻本のほうが三か月半ほど早く出ている。東京市立の本は、高等師範のこの復刻本を参考にした可能性もあるが、子供たちの文章をいじって改めて別途改竄本を作ってはいないで、〇〇〇〇などの伏字によってごまかし、取り繕っている。

内容について

言うまでもなくタイトルが「子供の震災記」であるだけに看板に偽りなく、大震災を身をもって体験した子供たちの手記・感想文であるが、大部《たいぶ》な本書には高等師範附属小学校家庭について、多くの情報が詰っている。

高等師範附属校の校区は、東京市に限らず東京府にまで及んでいた。さらに、政府・文部省（当時）が誇る肝煎りの官立校であるだけに、当時の上流階級の子弟が通っていたことが窺え、さらに東京周辺の通学可能な近隣の県からの生徒もいたようだ。また、彼らの家庭は書生・女中・小使い、さらに自家用運転手なども雇っていたことがわかる。さらに、子供たちの家には電話も備わっていたようである。

日本で家庭電話が一般化したのは、戦後の高度成長が始まってからで、一九六〇年以降だと言われている。ちなみに一九七五年度における日本の固定電話普及率は、百人当たり三十八台であったから、企業などにある電話の数を勘案しても、約七、八〇パーセントの家庭にようやく電話が設置されるようになった。ほとんどの家庭に固定電話が備えられるようになったのは一九七〇年代後半のことであるが、これより半世紀以上前に高等師範の児童の家庭には電話が備えられていたことになる。自動車（自家用）に至っては、一九八〇年代以後である。

前述したように、「遭難記」「同情」「感想」「雑」の四つに分類して編集されているが、それぞれには流言蜚語《りゅうげんひご》の「朝鮮人騒ぎ」「不逞鮮人」が綴られており、その数は二十五人以上にのぼっている。一〇七人の児童のうち、二五パーセントが「朝鮮人騒ぎ」を現実のものと受けとめて、そのことを記しているのである。

その内容は「ちょうせんにんがつけびをさるさうだ」、「ちょうせんにんがだん丸をなげたのださうだ」、「井戸にげきやくを入れる」、「朝鮮人が子供をころすんだつて」、「不てい鮮人等は此の辺に摂政の宮殿下（昭和天皇）のまします赤坂り宮、斎藤朝鮮総とくの居る家等があるのでねらつて居るのであらう」、「鮮人が石油と綿とぼろ布などを持って放火をしたり爆弾を持ったりして居る」、「不逞鮮人が手に爆弾、鉄砲、拳銃も持って二千各大崎方面から迫ってくる」、「不てい鮮人をたゝきころせ」「不逞鮮人の放火各自けいかいせよ」……など。

一方で、高学年になるにつれてこのような流言蜚語をそのまま真に受けるのではなく、ことの成り行きや前後関係から疑問を持つようになる傾向が見られる。

「かう云ふと話に又流言に、夢の様な一ヶ月が過ぎた。けれどずゐぶん今考へると馬鹿げた事をしたと思ふ」、「在る日のことだった。鮮人のうはさがあった。それは青年団や色んな人が、中学位の人に『もしも鮮人が来たらめちゃくちゃになぐつてしまへ』といつてゐた。そんなに言わなくつても鮮人にも善い人がゐるかも知れない」、「横浜のあき本さんのそばに鮮人がひなんしたのを、悪いこともしないのにころしたりした。これも実によくないことである」、「不逞鮮人のうはさは益々ひどくなり、白山神社の井戸に女の鮮人が毒をいれたから各自宅の井戸を注意せよなぞと方々はり紙がしてある。昨日の鮮人襲来や、巣鴨監獄をやぶってあばれまはるといふ一団も何処へも来た様子がない。僕は『あんなことみなうはさ丈《だけ》の事だ』と思いすっかり安心してしまった」

高学年になるにつれて理性が働き、合理的な判断をしていることにホッとし、胸を撫でおろしたい気分になった。

「流言は智者に止まる」と言われるが、しかしながら上からの強制やメディアによる一方的な情報のたれ流しによって形成された「同調圧力」によって、個々人の意思が挫かれることが幼い低学年ほどあるようだ。

今年は関東大震災があってから、ちょうど百年と一年たつ。大震災時に上から喧伝された「朝鮮人騒ぎ」に類するヘイトスピーチが、現在世の中の一部にはまかり通っている。

この度再選された小池百合子都知事は、今年の「関東大震災朝鮮人犠牲者追悼式典」にも都知事として追悼文を送る必要はないと言って、送付しなかった。昨年の大震災から百年目の歴史的な節目の年を含め八年もつづけて送らなかったのである。こんな様《さま》を見るにつけ、首長が

「歴史」から学ぼうとしない恥ずかしさを憶えたのはけっして私たちだけではあるまい。そしてまた小池都知事の追悼文不送付と軌を一にして、九年前から朝鮮人犠牲者追悼式典会場の間近かで、保守系団体の「そよ風」が「真実の関東大震災追悼祭」と称して朝鮮人虐殺を否定し、「ヘイトスピーチ」を憚《はばか》りなく行っている行為にも憤りさえ感じるし、現代日本社会の一端を象徴する現象だと言わざるを得ない。

末尾になったが、本復刻版の出版に際し、韓国「在外同胞庁」からの協力を得た。記して感謝するしだいです。

二〇二四年八月、展望社

主要参考文献

東京市學務課編纂『東京市小学校児童　震災記念文集』展望社
西崎雅夫編『証言集 関東大震災の直後　朝鮮人と日本人』ちくま文庫
木戸嵩之・竹田亮子編『一高生が見た関東大震災 100年目に読む、現代語版 大震の日』西日本出版社
安田浩一著『地震と虐殺　1923―2024』中央公論新社
高麗博物館編「2023年高麗博物館企画展――関東大震災100年　隠蔽された朝鮮人虐殺」カタログ改訂版
1923年11月29日付帝国大學新聞「若き日本人に寄す――朝鮮人虐殺について」(尹泰東)

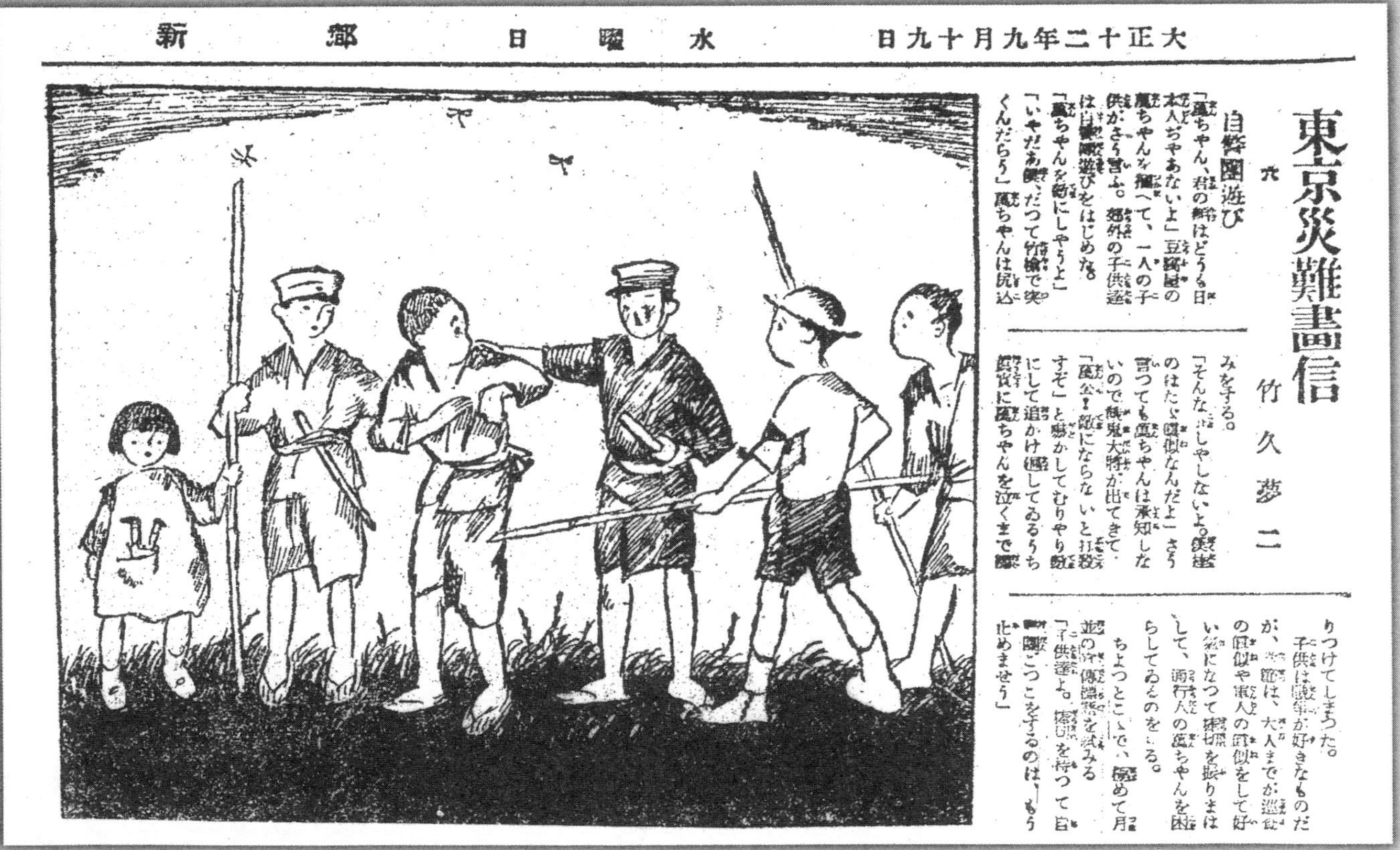

大正十二年九月十九日　水曜日　新　聞

東京災難畫信

六

竹久夢二

自警團遊び

「萬ちやん、君の顔はどうも日本人ぢやあないよ」豆腐屋の萬ちやんを捕へて、一人の子供がさう言ふ。郊外の子供達は自警團遊びをはじめたな。

「萬ちやんを敵にしやうよ」

「いやだあ僕、だつて竹槍で突くんだらう」萬ちやんは尻込みをする。

「そんなことしやしないよ。僕達のはたゞ眞似《まね》なんだよ」さう言《い》つても萬ちやんは承知しないので餓鬼大将が出《で》てきて、

「萬公！敵にならないと打殺すぞ」と脅かしてむりやり敵にして追かけ廻してゐるうち本當に萬ちやんを泣くまで毆りつけてしまつた。

子供は戰爭が好きなものだが、今度は、大人までが巡査の眞似や軍人の眞似をして好い氣になつて棒切を振りまはして、通行人の萬ちやんを困らしてゐるのを見る。

ちよつとこゝで、極めて月並の宣傳標語を試みる

「子供達よ。棒切を持つて自警團ごつこをするのは、もう止めませう」

竹久夢二『東京災難畫信』より

子供の震災記

二〇二四年十月十七日　第一版第一刷

発行人　唐澤　明義

発行所　株式会社　展望社
郵便番号　一一二―〇〇〇二
東京都文京区小石川三―一―七　エコービル二〇二
電　話　〇三―三八一四―一九九七
FAX　〇三―三八一四―三〇六三
振　替　〇〇一八〇―三―三九六二四八
展望社ホームページ https://tembo-books.jp/
印刷・製本―株式会社ディグ

定価はカバーに表示してあります。
落丁本・乱丁はお取り替えいたします。

ISBN978-4-88546-435-5 C0095
2024 Printed in Japan

好評発売中

飴《あめ》売《う》り具學永《ク・ハギョン》

関東大震災で虐殺された一朝鮮人青年の物語

文／キム・ジョンス　絵／ハン・ジヨン

ISBN 978-4-88546-416-4

四六判 並製

定価 1650 円（本体 1500円＋税10%）

展望社

好評発売中

東京市立小学校児童
震災記念文集

7冊から朝鮮人虐殺関連を抜粋
あの丸山真男も書いている

東京市學務課／編纂

ISBN 978-4-88546-422-5

四六判 並製
定価 1980 円（本体 1800 円＋税 10%）

展望社